Basiswissen

Politik / Geschichte / Ökonomie

Kurt Pätzold

Deutschland 1933–39

Vorkrieg

PapyRossa Verlag

Eine Übersicht aller Titel der PapyRossa-Reihe
Basiswissen Politik/Geschichte/Ökonomie
finden Sie unter www.papyrossa.de

Luxemburger Str. 202, D-50937 Köln
Tel.: +49 (0) 221 – 44 85 45
Fax: +49 (0) 221 – 44 43 05
E-Mail: mail@papyrossa.de
Internet: www.papyrossa.de

Druck: Interpress

Die Deutsche Nationalbibliothek verzeichnet diese Publikation in der Deutschen Nationalbibliografie; detaillierte bibliografische Daten sind im Internet über http://dnb.d-nb.de abrufbar

ISBN 978-3-89438-608-5

Inhalt

Ein Wort zuvor

Wer hierzulande Angehörigen der ältesten Generation bei Erzählungen über ihre Kindheit und Jugend zuhört, wird mit hoher Sicherheit auf die Redewendung stoßen: *Das war noch vor dem Kriege.* Diese Zeitbestimmung hat sich unter den Deutschen nach dem Mai 1945 weit verbreitet und war also keine Neuschöpfung. Vor dem Kriege, das hatten schon einmal Großmütter und Großväter in den Jahren nach 1918 gesagt. Mit dem Blick in so bezeichnete Zeiten verband sich jedes Mal auch deren Verklärung. Faschisten trugen selbst noch Stunden vor ihrem Abtritt dazu bei. Der Chefredakteur der »Hamburger Zeitung« veröffentlichte am 2. Mai 1945 einen Artikel »Abschied von Hitler«, übrigens der einzige Nachruf, der auf den »Führer« in einer Nazizeitung noch erscheinen konnte. Er schrieb: »Wir sind ihm auf dem Höhenflug gefolgt, auf dem er unser Volk in kurzen, schönen Friedensjahren führte«. Solche Schönfärbung hatte nach dem Zweiten mehr noch als nach dem Ersten Weltkrieg Hochkonjunktur. Das Leben mit Karten und Bezugscheinen für Lebensmittel, Bekleidung und Heizmaterial, das Zerrissenwerden der Familien, die Nachrichten von den an Fronten Getöteten, die Rückkehr von lebenslang Verstümmelten, dann die Evakuierungen aus Städten, die sich im Bombenhagel in Trümmerwüsten verwandelten, das und vieles Weitere bildete den Hintergrund für die scharfe erinnernde Abtrennung der Zeit, in der man noch im Frieden gelebt und an dessen Dauer geglaubt hatte. Von den Jahren, da der Zweite Weltkrieg tobte.

Wie sich die eine zur anderen Zeitspanne verhielt, wie die folgenden nahezu sechs Jahre zu den vorausgegangenen sechs, bildete keinen Gegenstand des Nachdenkens und von Gesprächen. Wurden die Jahre kommentiert und zu eigenem Erleben in Beziehung gesetzt, lauteten die meist gebrauchten Formeln: Wir waren die Betrogenen und sind nun Opfer.

Mit der Entfernung vom letzten Kriegstag und den unterschiedlichen Entwicklungen im Westen und Osten Deutschlands gingen die Wege des Nachdenkens über das Erlebte – nicht spontan, dann jedoch zunehmend – auseinander. In der Sowjetischen Besatzungszone und der auf sie folgenden Deutschen Demokratischen Republik wurden unter dem Einfluss von Widerstandskämpfern und Hitlergegnern Fragen gestellt: Warum und wie hatten sich Millionen und Abermillionen Deutsche in den Jahren vor dem Kriege zu Gefolgsleuten des faschistischen Regimes gemacht? Welche Rolle spielten sie in ihm und auf seinem Weg in den Krieg? Warum ließen sie sich betrügen, statt den Warnenden zuzuhören und ihnen zu glauben? Warum trauten sie nicht einfach ihren Augen, denen die Vorbereitungen auf den Krieg doch nicht entgehen konnten?

Wiewohl sich auch im Westen Deutschlands eine Minderheit diesen Fragen stellte, unterschied sich der Umgang mit der Geschichte diesseits und jenseits der Zonengrenze wesentlich. In den drei Westzonen und der aus ihnen gebildeten Bundesrepublik lebten in erheblich größerer Zahl Personen, die das Nachdenken und Ergründen blockierten. Von ihnen gelangten viele wieder auch zu geistigem Einfluss und geistiger Macht. Die Bürger der Bundesrepublik wurden, wie ein Buchautor im Titel seines Werkes formulierte, von ihrer Vergangenheit befreit. Das nahmen sie gern an, denn sie war ihnen eine Last. Dass sie die bewältigt hätten, war und blieb eine Legende. Dieser Zustand erhielt sich Jahrzehnt um Jahrzehnt.

Die Kalender zeigten das Jahr 1985 an, als ein Präsident des deutschen Weststaates in einer Gedenkrede sagte, es müsse die deutsche Geschichte nicht ab dem 1. September 1939, sondern ab dem 30. Januar 1933 in kritischen Blick genommen werden. Das war ein Verdienst und zugleich doch nur ein halber Schritt. Da, vierzig Jahre nach Kriegsende, beschrieben und analysierten

Autoren der Schulbücher, die in der ostdeutschen Republik in Gebrauch waren; schon seit langem den Weg der bürgerlichen deutschen Gesellschaft vom 1871 gegründeten Kaiserreich in die faschistische Diktatur, von der Vorbereitung des Ersten bis an das Ende des Zweiten Weltkrieges. In den Ereignissen des Jahres 1933 verwoben sich Kontinuität und Bruch.

Und heute? Was interessieren Angehörige der dritten und vierten Nachkriegsgeneration Informationen darüber, wie ihre Groß- oder Urgroßeltern in jener Zeit vor dem fernen Kriege gelebt hatten, was sie taten und unterließen, dachten und empfanden? Bildet das Wissen darüber nicht nur einen Gedankenballast wie viele andere Nachrichten aus längst vergangenen Zeiten, den man sich besser nicht auflädt? Gegen solches Fragen lässt sich einwenden: Es sind das aber die Jahre, in denen die Masse des deutschen Volkes tatsächlich, wenn auch nicht schuldlos und nicht ohne eigenes Zutun, betrogen wurde und sich für Ziele einnehmen ließ, von denen sie sich besser und zum eigenen Nutzen abgewendet hätte. Es sind Jahre, in denen sie für Handlungen konditioniert und trainiert wurde, die bis zu dann massenhaft verübten Verbrechen an anderen Völkern reichten. Solange der politische Betrug an Völkern fortdauert, und dafür liefert jeder gegenwärtige Tag Beweise die Menge, solange Wege in Kriege gebahnt, beschritten und gerechtfertigt werden, sollten die Deutschen, die Nachgeborenen, sich jene Lehren und Warnungen erarbeiteten, die ihnen das Verhalten und die Erfahrungen ihrer Vorfahren nicht erst in den Kriegs-, sondern schon in den Vorkriegsjahren bieten. Dazu soll diese Schrift beitragen, die einen gedrängten Ein- und Überblick über die Zeit bietet, von der gesagt wurde: *Das war noch vor dem Kriege.*

Kurt Pätzold

1.
»Siegheil«

Dieser 30. Januar des Jahres 1933 gilt bis heute als der »schwärzeste Tag der deutschen Geschichte«. Dieser Rang lässt sich ihm allenfalls mit dem Verweis auf den 1. September 1939 bestreiten, als die deutschen Imperialisten in Europa den Zweiten Weltkrieg begannen, der mit seinen Weiterungen und Folgen das Leben von Millionen Menschen in allen Erdteilen betraf. Zwischen beiden Daten besteht eine Beziehung von Ursache und Folge. Das 1919 nach dem Bankrott des Kaiserreiches gegründete, wegen seines Gründungsortes als Weimarer Republik bezeichnete Staatswesen war nach seiner weitgehenden Demilitarisierung durch die Bestimmungen des Versailler Vertrages jeder Kriegführung gegen einen seiner Nachbarn unfähig. Aber in seinen Grenzen fehlte es nicht an Kräften, die den Gedanken an Revanche und Rache wach hielten. Doch wie an der Spitze dieses Reiches auch die Regierungen wechselten, wie sehr sie alle die Vertragsauflagen loszuwerden oder wenigstens zu lockern trachteten, keine von ihnen besaß oder befolgte einen auf lange Frist angelegten Kriegsplan.

Mit den deutschen Faschisten an der Macht veränderte sich die Situation augenblicklich. Das hatte sich voraussehen lassen. »Wer Hindenburg wählt, wählt Hitler. Wer Hitler wählt, wählt Krieg« hatte eine warnende Losung gelautet, die Kommunisten in Wahlkämpfen 1932 verbreiteten. Das dustere Zukunftsbild war kein Monopol der revolutionären Linken. Nicht anders sahen Antifaschisten und Hitlergegner verschiedener Richtungen, was die Deutschen erwartete, wenn auf den Regierungsgebäuden in der Wilhelmstraße die Hakenkreuzfahnen wehen würden. Aus der erkannten Möglichkeit wurde grausame mörderische Wirklichkeit.

Doch hatte zwischen den beiden etwas mehr als sechseinhalb Jahre auseinander liegenden Tagen, an denen die Aufrichtung des faschistischen Macht und dann der Krieg begann, keine gleichsam gesetzmäßige Beziehung bestanden. Das eine war nicht die unabwendbare Folge des anderen. Das Unheil musste nicht eintreten. Der europäischen und Weltentwicklung konnte eine andere Richtung gegeben werden, als die von den deutschen Faschisten gewollte. Das setzte voraus, dass deren Ziel als unwandelbar und zudem erkannt wurde, mit welcher Energie und in welchem Tempo sie darauf zusteuerten. Und jene, die davon betroffen sein konnten, durften nicht hoffen, dass sie durch ihre besonders schlaue Politik oder die Gunst irgendwelcher Zufälle davon kommen könnten. Sie hatten sich zu gemeinsamer Gegenwehr zusammen zu schließen. Der 30. Januar 1933, sollte er nicht zu einem Gedenktag, musste er europaweit so etwas wie ein Denktag werden, der eine Generalprüfung bisheriger Politik anstieß und das besonders in den Führungskreisen der Großmächte.

Wie viele Deutsche das Mögliche vorausdachten, als sie an jenem Abend des vorletzten Januartages aus Radioapparaten die Berichte über den Marsch der SA-Kolonnen durch das Brandenburger Tor und in die Wilhelmstraße hörten, wie viele dies taten, als sie das Ereignis in Kinotheatern in Filmwochenschauen verfolgen konnten, ist nicht ermittelt worden. Wie Menschen jenseits der deutschen Grenzen mochten sich viele im Lande selbst, ungute Gefühle und Gedanken verdrängend, mit dem sprichwörtlichen Bilde beruhigen, dass nichts so heiß gegessen wie gekocht würde. Da freilich sollten sie sich beispiellos irren.

Und jene, die in den Wochen vorher, mitunter schon seit Jahren den aufkommenden Faschismus zu stoppen versucht hatten? Was dachten sie im Augenblick ihrer Niederlage? Nahmen sie das Geschehen überhaupt als solche wahr? Und wenn sie das taten, glaubten sie, eine Episode zu erleben oder an einem Wendepunkt zu stehen? Was vermochten sie an den nächsten Tagen zu tun? Besaßen sie eine auch nur annähernde Vorstellung davon, dass sich unverzüglich der Terror des Staates, mit dem der faschistischen Sturmabteilungen vereint, gegen sie richten werde? Und das mit einer Wucht, die die Verfolgungen während Bismarcks Sozialistengesetz als miniaturhaft erscheinen lassen würde? Erkannten sie, dass sie in die bevorstehenden Kämpfe mit einem momentan unbehebbaren Nachteil gingen, der sie bisher schon begleitet hatte: Während die äußerte Rechte sich, angeführt von den Größen des Faschismus zusammenschloss, operierten sie, deren Gegner, nach wie vor getrennt, verfeindet, die gedankliche und emotionale Last jahrelanger, später so genannter Bruderkämpfe mit sich schleppend.

Deutschland ein zweites Italien? Hitler ein zweiter Mussolini, der NSDAP-Führer ein Duce, also eine Kopie des Mannes, der jenseits der Alpen bereits länger als ein Jahrzehnt an der Spitze einer Diktatur stand? Das Bild, das die vom Reichspräsidenten Hindenburg am 30. Januar 1933 berufene Reichsregierung bot, ließ diese Perspektive nicht sogleich erkennen. Hitler hatte sich mit einem Kabinett einverstanden erklärt, in dem er mit nur zwei seiner Parteigenossen vertreten war. Die Mehrheit stellten Konservative, einige waren vordem schon Minister in Regierungen der Republik gewesen. Wer jedoch mit Italiens Weg zur faschistischen Diktatur vertraut war, den täuschte das nicht, denn er wusste, dass Mussolinis Aufstieg zum Diktator 1922 ebenfalls und dies in einer noch breiteren Koalition bürgerlicher Parteien begonnen hatte. Sieben Jahre später war die politische Szene in Rom aber gründlich gewandelt. Dass Hitler diese Wegstrecke in ungleich rascherem Tempo zurücklegen würde, dass er und die Seinen, wofür der Italiener Jahre gebraucht hatte, in nur Monaten zu bewältigen verstanden, mochten auch schwärzeste Pessimisten nicht vorhersehen.

Wer war der dreiundvierzigjährige Mann, der am vorletzten Januartag 1933 in die Berliner Wilhelmstraße, dort in das Reichskanzlerpalais und in ihm in das einstige Arbeitszimmer Otto von Bismarcks einziehen konnte?[1] Und wie war er eigentlich dahin-

---

1 Das ist die Frage, der eine nicht mehr überschaubare Zahl von deutschen und ausländischen Hitler-Biographen nachgegangen ist. Herausragt aus der Masse die Arbeit des britischen Historikers Ian Kershaw (dt.

ein gelangt? Hitler war in der K. u. K. Monarchie geboren und Sohn eines deutsch-österreichischen Grenzbeamten. Seine ersten Lebensstationen waren die Kleinstadt Braunau am Inn nahe der reichsdeutschen Grenze, Linz, sodann Wien, schließlich Bayerns Metropole München. Da war er 24 Jahre alt. Einen Beruf hatte er nirgendwo erlernt. Aus unsicheren, ärmlichen Lebensverhältnissen riss ihn der Krieg. Der Freiwillige des Jahres 1914 verbrachte ihn in einem bayerischen Infanterie-Regiment, nahm an Kämpfen an der so genannten Westfront in Frankreich teil, wurde mit dem Eisernen Kreuz beider Klassen dekoriert und zum Gefreiten befördert. Mit Millionen Angehörigen der geschlagenen Armee sah er sich 1918 vor einer ungewissen Zukunft. Zunächst kroch er noch in der Reichswehr unter und lebte wieder in München. Durch den Auftrag, sie zu bespitzeln, geriet er in Kontakt mit einer sich Deutsche Arbeiterpartei nennenden bedeutungslosen Kleingruppe, wurde deren Mitglied und einer ihrer Führer. Bald warb die Partei mit dem Aushängeschild »Nationalsozialismus«. Ihr Anhang wuchs, blieb aber im Wesentlichen auf München beschränkt. 1923 wurden die Partei und Hitler durch einen gemeinsam mit anderen Reaktionären unternommenen Putsch bekannt, der in den Straßen der bayerischen Metropole und unter Schüssen aus Polizeigewehren rasch und kläglich endete. Hitler trug seine führende Teilnahme einen Gerichtsprozess und einige Monate Haft in der Festung Landsberg ein. Dort schrieb er, gestützt auf nicht mehr als vier bis fünf Jahre politischer Tätigkeit, das Buch »Mein Kampf«. Das Elaborat wurde, als er »der Führer« geworden war, in den Rang einer Bibel aller Deutschen erhoben, von denen es nur Wenige Seite für Seite gelesen haben mögen, einschließlich der Gefolgsleute des Autors. Doch lieferte dessen Inhalt, auf verschiedensten Wegen und auch in Schullesebüchern verbreitet,

---

Ausgabe: Bd. 1, Stuttgart 1998), Bd. 2, ebd. 2000). Selten sind Lebensbilder, die Hitler als eine Schöpfung der bürgerlichen deutschen Gesellschaft zeigen. Hingegen befassen sich neuere Forschungen mit Themen wie z. B. »Hitler. Die Anatomie einer destruktiven Seele« (Münster 2012) und »Hitlers Persönlichkeit aus entwicklungspsychologischer, motivationstheoretischer und psychiatrischer Sicht«, Bamberg 2014).

zwölf Jahre lang die Richtschnur aller ideologischen Partei- und Staatspropaganda. Die Bekenntnisschrift verriet einen ebenso bornierten wie verbohrten Nationalisten, Rassisten und Antisemiten, der in der Arbeiterbewegung und den Juden seine Hauptgegner sah und dessen außenpolitisches Credo ein Krieg bildete, in dem sich Deutschland vor allem ein weit nach Osteuropa reichendes, direkt an sein historisches Territorium anschließendes Kolonialreich erobern und Weltmacht werden sollte.

Hitlers und seiner Partei steiler Aufstieg begann Ende der zwanziger Jahre in der sich rasch vertiefenden ökonomischen und der damit einhergehenden politischen Krise der Republik. Da suchten die herrschenden Kreise nach dauerhafter Stabilisierung ihres mürbe gewordenen Machtsystems und Millionen Ausgebeutete und Arbeitslose einen Fluchtweg aus ihrem elenden Dasein. Im Frühjahr 1932 stellte sich Hitler, der jede Bewerbung um ein Abgeordnetenmandat in einem Parlament mied, das erste Mal in einem Wahlkampf. Er galt dem höchsten staatlichen Amt, der Reichspräsidentschaft. Sein Konkurrent war in zwei Wahlgängen der Amtsinhaber Paul von Hindenburg. Hitler unterlag und war doch kein Verlierer. Bei einer Wahlbeteiligung von mehr als 83 Prozent erhielt er nahezu 37 Prozent der abgegebenen Stimmen. 13,4 Millionen Männer und Frauen hatten für ihn gestimmt.

War Hitler dieser Weg in die Staatsmacht auch versperrt geblieben, so zeichnete sich ein anderer, seine Berufung zum Regierungschef, an der Jahreswende 1932/33 als gangbar ab. Ein scharfer Beobachter der Vorgänge, der Publizist Carl von Ossietzky, hat ihn treffend als den einer Intrige benannt. Eine in keinem Verfassungsparagraphen vorgesehene Gruppe von Großindustriellen und Großagrariern schlug dem Reichspräsidenten im November 1932, als eine weitere Reichstagswahl keine Machtstabilisierung mit Hilfe des Parlaments – was übrigens niemand erwartet hatte – in Aussicht stellte, unumwunden vor, den »Führer der stärksten Partei«, das war eine Umschreibung des Namens Hitler, an die Regierungsspitze zu setzen. Das auf dem Wege eines Putsches von oben zu tun, verbot sich angesichts der dann zur erwartenden Gegenwehr der Arbeiterparteien. So brauchte es einige

Wochen bis, ein Parteienbündnis zwischen »Nationalsozialisten« und Deutschnationalen hergestellt und die Machtverteilung innerhalb ihrer Regierungskoalition ausgehandelt war. Zudem sollte dem faktischen Staatsstreich ein demokratischer Mantel übergeworfen werden.

Was am 30. Januar geschah, unterschied sich im Erscheinungsbild nicht von früheren Regierungswechseln. Die bisherigen Regierungsmitglieder, an deren Spitze Reichskanzler General Kurt von Schleicher, wurden vom Reichspräsidenten entlassen, die neuen von ihm ernannt.[2] Sie hätten sich nun im Parlament der Abstimmung stellen und die Zustimmung einer absoluten Mehrheit von Abgeordneten einholen müssen. Dass sie die erhielten, war unwahrscheinlich, die Koalitionspartner konnten sie allein nicht stellen. So löste der Reichspräsident – auch das war keine Uraufführung, sondern 1932 bereits zweimal praktiziert – zeitgleich mit der Berufung der Regierung den erst Wochen vorher gewählten Reichstag auf. Die Deutschen wurden erneut an die Wahlurnen gerufen. Das sollte dem Vorgehen den Anstrich einer Volksentscheidung geben und hat jedenfalls eine bis heute immer wieder auflebende Debatte darüber ausgelöst, ob diese Hitler-Regierung nicht doch legal zur Macht gelangt sei.

In Wahrheit erhielten die Faschisten und ihr Bündnispartner die Chance, mit dem Rückenwind des 30. Januar in einen Wahlkampf zu ziehen, dessen Bedingungen von ihnen diktiert wurden.[3] Das vorhersehbare Ergebnis sollte sie als rechtmäßige Inhaber der Staatsmacht ausweisen. Und die Führungen der nichtfaschistischen bürgerlichen Parteien und die Sozialdemokratie? Sie konn-

---

2 Amtliche Mitteilung über die Bildung der Regierung Hitler. In: Dokumente zur deutschen Geschichte 1933–1935. Hg. v. Wolfgang Ruge / Wolfgang Schumann, bearbeitet von Kurt Pätzold und Kristina Shabaviz, Berlin 1977, S. 21 (fortan Deutsche Geschichte 1933–1935).

3 In Preußen steht dafür u. a. der Runderlass des Ministers des Innern vom 17. Februar 1933, das Amt hatte Göring kommissarisch besetzt, der die Polizei zur »Förderung der nationalen Bewegung« und zur Unterdrückung von gegen die Regierung gerichteten Aktivitäten anhielt. In: Deutsche Geschichte 1933–1935, S. 26.

ten ihre Mitglieder und Wähler zu einer »Antwort« an die Urnen rufen, aber doch nicht glauben, dass deren Stimmen die Machtkonstellation an der Staatsspitze verändern würden. Denn es war von den Mächtigen in Staat und Wirtschaft die Hitler-Regierung nach dem Fehlschlag ihrer beiden Vorgänger nicht als ein weiteres Experiment gedacht worden, das sie an Stimmzetteln scheitern lassen würden.

So stellte sich nach dem 30. Januar augenblicklich die Frage, ob es noch einen Erfolg versprechenden Weg gab, die Errichtung einer faschistischen Staatsmacht zu verhindern? War da, ist später immer wieder gefragt worden, eine Chance vertan worden und von wem? Die Antwort lautete: eine denkbare, aber doch keine reale. Die einzige Waffe, über die Massen in modernen industrialisierten Gesellschaften und Staaten gegen ihre politische Vergewaltigung verfügen, ist der Generalstreik, der das wirtschaftliche und alles staatliche Leben lahm legt und gegen den die Herrschenden kein Gegenmittel besitzen. Dafür fehlten im Moment der Ernennung der Hitler-Regierung jedoch alle Voraussetzungen. Weder im Vorstand des starken Allgemeinen Deutschen Gewerkschaftsbundes (ADGB), dessen infolge der Wirtschaftskrise gesunkene Mitgliederzahl auf 3,5 Millionen geschätzt wurde, noch in dem der Sozialdemokratischen Partei Deutschlands existierten Personen und Pläne dafür, die sich auf die Anwendung dieser Methode außerparlamentarischen Kampfes richteten, letztes und stärkstes Mittel antifaschistischer Gegenwehr.

Mehr noch: Es war im Jahr 1932 eine politische Demobilisierung der sozialdemokratisch orientierten Linken erfolgt, begleitet von Einflussverlust und Einbuße auch an Kraftbewusstsein. Zuerst wurde beides durch das Eintreten für Hindenburgs Wahl zum Reichspräsidenten bewirkt, gegen die sich die SPD sieben Jahre vorher noch gewandt hatte. Sodann und mehr noch durch die widerstandslose Hinnahme des Staatsstreichs des Reichskanzlers von Papen Mitte 1932, der in einer Art Verwaltungsakt und mit einigen Polizisten die sozialdemokratisch geführte Regierung Preußens beseitigen konnte. So waren es in den Januartagen 1933 einzig die Kommunisten, die vorschlugen, die Waffe des Generalstreiks einzusetzen[4], aber doch wussten, dass ihre Stellung in den Betrieben zu schwach war und ihr Ruf ohne Echo verhallen musste. Auch sie sahen sich so darauf zurückgeworfen, ihre Kräfte in dem Bewusstsein auf den bevorstehenden Wahlkampf zu richten, dass er, für sich unternommen, ein wirkungsarmer Protest sein werde.

Der Weg Hitlers und seiner Führergruppe in die Zentren der Staatsmacht gehörte schon in den Jahren der faschistischen Diktatur zu den bestgehüteten Staatsgeheimnissen. Die Entstehung dieses bald mit Vorliebe als »Drittes Reich« bezeichneten Staatswesens – in der Zählung galt das 1870/71 geschaffene deutsche Kaiserreich als das zweite, das mittelalterliche Heilige Römische Reich Deutscher Nation als das erste – wurde von der Propaganda zum Wunder verklärt. Damit erledigten sich alle Fragen nach Urhebern und Interessen. Hitler, so die Legende, war den Deutschen als Erlöser gesandt worden, als Retter, der seine Landsleute und Rassegenossen aber auch selbst gesucht und gefunden hatte, um mit ihnen dieses neue Reich, das nationalsozialistische Deutschland, zu errichten. Und die er suchte, seien selbst auch Suchende gewesen und schließlich auf die allein richtige Spur gekommen, die sie zu eben diesem Führer gelangen ließ. Dass dies geschlossen geschehen sei, konnte nicht gut glaubhaft gemacht werden. So gab es denn in diesem Bild auch verirrte und verführte Töchter und Sohne, die zu rechten »Volksgenossen« erst noch geformt werden mussten. Soweit die Mär, an deren Pflege sich Hitler als Redner vor Massenversammlung selbst immer wieder beteiligte und in der das Sich-einander-finden als Wunder bezeichnet wurde.[5]

4 Text des Aufrufes in: Geschichte der deutschen Arbeiterbewegung, Bd. 5, S. 441 f.

5 So sagte Hitler in einer Rede auf dem Reichsparteitag der NSDAP 1936: »Ihr habt einst die Stimme eines Mannes vernommen und sie schlug an eure Herzen, sie hat euch geweckt, und ihr seid dieser Stimme gefolgt. Ihr seid ihr jahrelang nachgegangen, ohne den Träger der Stimme auch nur gesehen zu haben. Das ist das Wunder unserer Zeit, dass ihr mich gefunden habt unter so vielen Millionen. Und dass ich euch gefunden habe, das ist Deutschlands Glück!«

Was aber war die tatsächliche Rolle von Millionen Deutschen, die sich einen mehr oder weniger großen Anteil an der Geburt dieses faschistischen Reiches zuschrieben und dafür, wie den Aktivisten der Sturmabteilungen der SA und der Schutzstaffeln der SS bescheinigt wurde, Opfer gebracht und Belohnungen verdient hatten? Sie waren vor allem die Werber für diese Partei gewesen, sie hatten deren anwachsende Macht bei Aufmärschen und Kundgebungen gezeigt und den Eindruck kommender Stärke und Ordnung vermittelt. Sie hatten ihre Gegner bedroht, eingeschüchtert, niedergeknüppelt und nicht wenige umgebracht. Für viele verband sich ihr Dienst in der SA mit der Hoffnung, nach ihrem Sieg im Reich des nationalen Sozialismus besser zu leben, als verdienstvolle Person aus dem Nichts herauszutreten, endlich Jemand zu sein, ein geachteter Gefolgsmann des Führers, anerkannt als echter und wahrer Deutscher.

Aus der Sicht der NSDAP-Führer und Hitlers war ihre Gefolgschaft vor allem das Faustpfand, ohne das sie keine Aussicht besessen hätten, als Aspiranten auf Führungspositionen in der Staatsmacht auch nur wahrgenommen zu werden. Ohne diese Zehntausende von Brauhemden und die Millionen von Wählern wären sie einst eine Randgruppe gewesen, die zu einer Sekte verkümmern konnte. Ihre Zukunft hätte sich in Hinterzimmern von Kneipen zugetragen. Mit diesen Massen hingegen konnten sie den sozialen Oberschichten mit dem glaubwürdigen Angebot gegenübertreten, im sozial und politisch aufgewühlten Deutschland bürgerliche Ordnung herzustellen, die Volksmassen zu disziplinieren und ihre Linkswendung, gar die Formierung einer revolutionären Bcwegung abzuwenden. Kurzum, sie boten sich an, in Deutschland jenen inneren Frieden und Massengehorsam zu schaffen, nach dem sich das Großkapital von Industrie und Banken, der große Grundbesitz; die Beamtenschaft und die Militärs an der Reichswehrspitze allesamt sehnten, die sie selbst und ihre traditionellen Parteien aber herzustellen nicht vermochten.

In diesem lockenden Zukunftsbild gab es einen Blindfleck. Im Gefolge der Partei Hitlers befanden sich ungezählte Tausende, die mit der Vorstellung vom nationalsozialistischen Deutschland die eines tiefen gesellschaftlichen Wandels verbanden. Wie verschwommen auch immer, es waren das doch antikapitalistische Hoffnungen. Die Führerschaft hatte sie genährt. Denn ohne dies hätte sie die Anhängerschaft kaum und jedenfalls nicht in dieser Zahl unter dem Hakenkreuz versammeln können. Die soziale Demagogie vom kommenden Reich aller »Volksgenossen« war von manchen Parteiführern so weit getrieben worden, dass sie – zu ihnen gehörte namentlich der Propagandachef der Partei und Gauleiter ihrer Organisation in Berlin Joseph Goebbels – in Verdacht gerieten, ein zwar besonderer, aber echter Typ von Sozialisten zu sein, von dem sich nicht sagen ließe, wie er regieren werde, käme er dazu. Hitler, der selbst außerhalb solcher Verdächtigung stand, als Regierungschef war folglich ein Unternehmen, das sich mit Unwägbarkeiten und schwer zu bemessendem Risiko verband. Doch es musste, nachdem sich weder das Kabinett von Papens noch das von Schleichers als Lösungen auch nur von einiger Dauer erwiesen hatten, gewagt werden. Jedoch unter Vorkehrungen. Von ihnen zeugte die Zusammensetzung des Kabinetts.

Koalitionspartner der Faschisten wurden, wie erwähnt, Politiker der konservativen Deutschnationalen Volkspartei, die von den Braunbehemdeten in den Wahlkämpfen der Republik eben noch als Ausbund der Reaktion bekämpft und verspottet worden waren. Deren Führer Alfred Hugenberg, bislang auch als Hugenzwerg abgetan, wurde Minister für Wirtschaft und Landwirtschaft, eine Besetzung, die signalisierte, dass an der Eigentumsstruktur und an einer an Kapitalinteressen orientierten Wirtschaftspolitik nicht gerüttelt werden würde. Dafür standen auch Finanzminister Ludwig Graf Schwerin von Krosigk und weitere konservative Regierungsmitglieder, aus denen von Papen als Vizekanzler herausstach. So konnte der Eindruck entstehen, Hitler werde in dieser Gruppe alle politische Fremd- und Wildheit ablegen und vollständig in der adlig-gutbürgerlichen Gesellschaft – zu den Inhabern von Adelstiteln gehörten auch der Reichsaußenminister Konstantin Freiherr von Neurath, der Reichswehrminister Werner von Blomberg und der Reichsverkehrsminister Paul Freiherr von Eltz-Rübenach – domestiziert werden. Die beiden Posten, die seine Mitführer erhielten, waren der des Reichsinnenministers, den sein alter bayerischer Weggefährte Wilhelm Frick besetzte, und eines Kabinettsmitglieds ohne eigenen Geschäftsbereich mit dem Hermann Göring bedacht wurde, der hoch dekorierte Jagdflieger des Weltkrieges, der wie kein zweiter NSDAP-Führer Verbindungen in die Oberschicht der Gesellschaft besaß. Gleichzeitig wurde ihm die Führung des preußischen Innenministeriums übertragen. Damit waren Hitlers Genossen die für die Machtbehauptung wichtigsten Ämter zugestanden. Von ihnen, den Innenministerien des Reiches und des größten Landes aus, ließ sich der Teil des Staatsapparates lenken, kontrollieren und faschistisch ausrichten, der für repressive Zwecke bestimmt war. Damit unterstand Göring auch die Polizei in Preußen.

Die Fotografien, auf denen das Hitler-Kabinett nach seiner Ernennung posierte, ähnelten den bei vorauf gegangen gleichen Gelegenheiten hergestellten aufs Haar. Sie sind die frühesten Bildzeugnisse eines großen Betrugs. Wider ihren Eindruck bezeugen sie den Beginn der letzten Etappe jener Konterrevolution, die sich 1919 erhoben hatte, aber nach einem Teilsieg abgebrochen werden musste. Die damals die Republik gleichsam in ihrer Wiege erwürgen wollten, aber nicht an ihr weitgestecktes Ziel gelangt waren, gingen nun an den Abriss. Nicht dass es in Persona noch dieselben Akteure gewesen wären, doch die Faschisten Hitlers betätigten sich als die Vollender des Werkes. Im Jahr nach Kriegsende und später, gegen die Attacken von 1920 und 1923, hatte die Republik sich noch behauptet. Jetzt, ein Jahrzehnt später, wurde sie zur Strecke gebracht. Was sich als sozialistische Revolution von ganz neuem nationalem, nicht internationalem Typ ausgab, war in Wahrheit schwärzeste Gegenrevolution. Die später häufig gestellte Frage, was der Faschisten größte und dreisteste Lüge war, gibt keine Rätsel auf. Es war diese. Sie stand am Beginn einer Kette, die bis in die ersten Maitage 1945 reichte.

Hitler eröffnete den Wahlkampf seiner Partei am 10. Februar im Berliner Sportpalast. Dazu erschien er, wie vor seinen Anhängern üblich, in der Parteiuniform, gestiefelt und im »schlichten

Braunhemd«. Seine Rede[6], das war eine Neuerung und Resultat des gewonnenen Zugriffs auf den staatlichen Rundfunk, wurde von dessen Sender übertragen, wodurch vier bis fünf Millionen Radiobesitzer erreicht werden konnten. Zudem waren in Berlin auf Straßen und Plätzen Lautsprecher aufgestellt worden, um die sich Menschen zum gemeinsamen Empfang einfanden. Zu den Vorteilen Hitlers gehörte, dass er keinerlei Rechenschaft über geleistete Arbeit in einer Regierungsfunktion zu geben hatte. Doch musste er zum ersten Mal damit rechnen, dass er an das, was er hier versprach, erinnert und daran gemessen werden würde. Daher findet sich im Text kein Wort zu einer überprüfbaren Zielangabe, wohl aber aneinander gereihte Beteuerungen wie die, dass er aus Liebe zu Deutschland den schwersten Entschluss seines Lebens gefasst und eine Aufgabe übernommen habe, wie sie kein Politiker vor ihm je hatte lösen müssen. Die sei durch zwölf Jahre verfehlter Politik seiner Vorgänger, weder nannte er Personen noch Parteien beim Namen, und als Folge des Versailler Vertrages aufgehäuft. Auf das Konto derer, die in Deutschland nach dem Kriege regierten, gehe der vollständige Verfall der Politik, Wirtschaft und Kultur, ja selbst des Volkes. Das müsse nun »von Grund auf neu aufgebaut« werden und sich besinnen. Dafür sollten selbst die »Volksgenossen« gewonnen werden, die momentan noch ihn und seine Partei zu verfluchten. Für all das brauche es Zeit und so erbitte er, ihm vier Jahre zu lassen. In denen wollte er ein »Programm zur Rettung des Arbeiters« und ein weiteres zur »Rettung des Bauern« verwirklichen. Dann solle über ihn und seine Arbeit gerichtet werden, die sich nach nicht näher bezeichneten »ewigen Gesetzen« der Politik und Wirtschaft ausrichten werde, nicht wie bisher angeblich an marxistischen Lehren. Würde das Urteil negativ lauten, werde er seinen Platz widerstandslos räumen. Vom Inhalt des Parteiprogramms der NSDAP fiel in der Rede, die feierlich mit dem Ruf »Amen« schloss, kein Wort.

Der »Führer« hatte sich auf nichts festgelegt, sieht man von der Drohung ab, den »Marxismus« zu vernichten, eine Formulie-

---

6 Deutsche Geschichte 1933–1935, S. 25.

rung, die den Vorsatz verkleidete, die reformistische wie die revolutionäre Arbeiterbewegung zu liquidieren. Es hätte das als eine erneute Warnung verstanden und den Leitungen beider Parteien Anstoß werden können, die ihnen im Wahlkampf noch belassenen Handlungsräume gemeinsam zu nutzen, für Versammlungen, Kundgebungen und Demonstrationen. Doch es blieb dabei: Sie marschierten nach wie vor getrennt und kamen sich, von vereinzelten lokalen Initiativen abgesehen, keinen Schritt näher.

Der erste Monat der Hitler-Regierung schien ohne spektakuläre Ereignisse zu Ende zu gehen. Er war angefüllt von Aktionen und Initiativen des Wahlkampfes. Vor dessen Auftakt hatte der Reichspräsident eine Notverordnung erlassen, die das polizeiliche Verbot von Versammlungen und Publikationen ermöglichte. Es traf in erster Linie, aber nicht nur die Kommunisten, so deren letzte Großveranstaltung vor dem Wahltag, auf der Wilhelm Pieck sprach[7] und die durch das Eingreifen der Polizei abgebrochen wurde. Dreister und aggressiver war auch das Auftraten der SA, die nicht fürchten musste, dass sie wegen ihrer gewalttätigen Aktionen mit Polizisten in Konflikt geriet. Denn nichts verlief unkomplizierter als deren neue Ausrichtung. In Preußen erhielt sie durch Görings Verordnung Hilfskräfte aus der SA zugeteilt, so dass das Personal beider die Opposition künftig einträchtig bekämpfen konnte.

Am Abend des vorletzten Februartages brannte das Gebäude des Reichstages, am Morgen danach war es eine Ruine. Der Hergang der Brandstiftung konnte definitiv nie aufgeklärt werden. Sicher ist: (1.) Der niederländische Anarchist Marinus van der Lubbe, der beim Verlassen des Gebäudes verhaftet worden war, hatte in dessen Inneren versucht, ein Feuer zu legen. (2.) Das Material, das er dazu benutzte, reichte nicht aus, den Brand zu erzeugen, der dann tatsächlich ausbrach und wütete. (3.) Weitere Personen, die an der Tat beteiligt gewesen sein könnten, wurden gar nicht erst ermittelt. (4.) Die Verdächtigung von Kommunisten war eine

7 Die Rote Fahne, Nr. 37, 26./27. Februar 1933. In: Deutsche Geschichte 1933–1935, S. 29.

zweckdienliche Erfindung. (5.) Politische Nutznießer des Brandes wurden die Faschisten.

Ohne dass auch nur ein einziges Untersuchungsergebnis über das Entstehen des Brandes vorlag, behauptete die faschistische Propaganda, mit dem »Terrorakt des Bolschewismus« hätten die Kommunisten das Signal für einen Aufstand, für den Bürgerkrieg geben wollen. Diese Meldung[8] wurde mit der Lüge ausgeschmückt, die Durchsuchung der Zentrale der KPD am Berliner Bülowplatz habe ergeben, dass die Kommunisten weitere Brandstiftungen, Plünderungen, individuelle Terrorakte gegen friedliche Bürger geplant hätten. So erschien die augenblicklich einsetzende Verhaftungswelle, deren Opfer Kommunisten wurden, aber nicht sie allein, als Schutzmaßnahme des Staats zugunsten seiner Bürger, die vor Chaos, Anarchie und der Bedrohung ihres Gutes und Lebens bewahrt würden. In den folgenden Tagen wurden Parteibüros der KPD besetzt, ihre Presseorgane verboten. Es füllten sich Polizeigefängnisse und alsbald auch von der SA in Städten und deren Umfeld eingerichtete, verwaltete und bewachte Konzentrationslager. In ihnen tobten sich Revanche- und Rachegelüste und der Genuss der neu gewonnenen Macht brutal und blutig aus.

Auf Gewaltexzesse dieses Ausmaßes waren Antifaschisten, einschließlich auch Kommunisten, obwohl sie ihre Erfahrungen mit keinen Mord scheuenden Schlägern der Sturmabteilungen besaßen, dennoch nicht vorbereitet. Ein Zeugnis dafür war die Verhaftung des Vorsitzenden der Kommunistischen Partei Ernst Thälmann. Nach wenigen Wochen blieb vielen führenden KPD-Funktionären. die dem Zugriff der Gestapo entgangen waren und sich in Deutschland illegal aufhielten, schließlich nur noch der Weg ins Exil. Sie retteten sich vor allem in die Tschechoslowakei und das im Namen des Völkerbunds französisch verwaltete Saargebiet. Wilhelm Pieck floh im Mai nach Paris. Dorthin begab sich auch Walter Ulbricht. John Schehr, der die illegale Arbeit der

---

8 Vgl. die Meldung des Preußischen Pressedienstes vom 28. Februar 1933. In: Braunbuch über Reichstagsbrand und Hitler-Terror, Basel 1933, S, 65 f. Auszug in: Dokumente 1933–1935, S. 29 f.

KPD geleitet hatte, wurde im November 1933 verhaftet und im Februar 1934 umgebracht.

Fünf Tage nach dem Brand fand die Reichstagswahl statt. Die Faschisten gewannen 44 Prozent der abgegebenen Stimmen. Sie verbuchten fünf Prozent Wähleranteil mehr als bei der Wahl im Juli 1932. Offenkundig hatten sie viele zurück gewonnen, die sie im zweiten Halbjahr 1932 verlassen hatten, weil ihnen der Weg zum Sieg zu lang geworden war. Wieder erwies sich der Erfolg als wirksames Werbe- und Bestechungsmittel. Doch die absolute Mehrheit war verfehlt, Sie ergab sich erst mit den Stimmen der Deutschnationalen, die in Gemeinschaft mit verwandten Organisationen unter dem Aushängeschild »Kampffront Schwarz-Weiß-Rot« aufgetreten waren. Sie machten 8 Prozent aus. Die Sozialdemokratische und die beiden christlich-katholischen Parteien hatten ihren Wähleranhang nahezu behauptet. Die KPD gewann mehr als 12 Prozent der Wählenden, verlor jedoch nahezu 1 Million ihrer Anhänger. Die einen vermochten dem Druck und der terroristischen Drohung nicht standzuhalten, andere hatten 1932 die Partei zwar gewählt, aber keine stabile Bindung zu ihr gewonnen. Entmutigend war dieses Ergebnis angesichts der Bedingungen, unter denen es erzielt worden war, nicht.

Zum Wahlergebnis dieses Märztages hatte eine Gruppe von Personen beigetragen, die so wenig wie die Empfänger ihrer Gunst wünschten, dass sie ruchbar wurde. Die Geheimhaltung gelang. Erst als das Regime Geschichte war, wurde jene Veranstaltung bekannt, deren Teilnehmer am Ende dem Rufe gefolgt waren »Und nun zur Kasse bitte«. Am 20. Februar fand im Sitz des Reichstagspräsidenten Göring cin Treffen statt, zu dem Hjalmar Schacht, der ehemalige und alsbald auch künftige Reichsbankpräsident, geladen hatte, der sich wie kaum ein zweiter seinesgleichen einen besonderen eigenen Anteil an Hitlers Aufstieg zum Staatsmann zuschreiben konnte. Der »Führer« hielt dort vor 20 bis 25 ausgesuchten Monopol- und Großkapitalisten eine Rede[9], an die sich

---

9 Reinhard Kühnl, Der deutsche Faschismus in Quellen und Dokumenten, Köln 1980, S. 200 ff.

kein Gespräch, aber eine Geldsammlung anschloss. Die Herren wurden aufgefordert, für den Wahlkampffond der Parteien der »nationalen Konzentration« zu spenden, wie sich das Regierungsbündnis nannte. Das Vorstandsmitglied der IG Farben AG Georg von Schnitzler hat den Verlauf des Abends vor US-amerikanischen Ermittlern beschrieben, als die nach dem Krieg den Prozess gegen führende Manager des Chemie-Konzerns vorbereiteten.[10]

Dem am 5. März gewählten Reichstag war eine einzige Aufgabe zugedacht. Er sollte ein Gesetz beschließen, das der Regierung das Recht einräumte, Gesetze aus eigener Machtvollkommenheit zu beschließen, selbst solche, die Artikeln der Verfassung entgegenstanden, und diejenigen eingeschlossen, die Verträge mit dem Ausland betrafen. Das bedeutete, dass sich die Abgeordneten arbeitslos und überflüssig machten. Dass die Gesetzesdauer auf vier Jahre begrenzt sein sollte, war Dekoration. Wurde dem zugestimmt, war dem Kabinett Hitler nicht nur ein weiteres legales Mäntelchen umgehängt, sondern vor allem der entscheidende Schritt zur Liquidierung der Republik getan.

Sollte das Regierungsverlangen aber den Reichstag passieren, war eine Zweidrittelmehrheit erforderlich. Die ließ sich nur nach Kassierung der kommunistischen Mandate und durch die Zustimmung eines erheblichen Teils bürgerlicher Abgeordneter beschaffen. Folglich fanden Gespräche mit den Führern der Fraktionen statt, denen ein Ja zugetraut wurde. Die ließen es sich in der Tat vorab ohne irgendwelche Sicherheiten für Gegenleistungen abhandeln. Die Fortsetzung des Staatsstreichs konnte also risikolos inszeniert werden.

Der Reichstag wurde für den 23. März in der Kroll-Oper, das Ersatzquartier für den unbenutzbaren Plenarsaal in der Reichstagsruine, einberufen. Zuvor fand in Potsdam eine Eröffnungs-

---

10 Anatomie des Krieges. Neue Dokumente über die Rolle des deutschen Monopolkapitals bei der Vorbereitung und Durchführung des zweiten Weltkrieges, Hg. und eingeleitet von Dietrich Eichholtz und Wolfgang Schumann, Berlin 1969, S. 104ff. Auszug in: Dokumente 1933–1935, S. 26f.

zeremonie statt, ein politisches Spektakel, dessen Hauptdarsteller, Reichspräsident von Hindenburg, die Mitglieder der Reichsregierung, Generale der Reichswehr und hochgestellte Kirchenführer waren. Als ferner Mitwirkende wurden Formationen der Reichswehr, der SA und des Stahlhelm aufgeboten. Die Abgeordneten stellten das ehrfurchtsvolle Publikum, die der Sozialdemokratie blieben fern, die der KPD waren, sofern sie nicht bereits verhaftet waren, in die Illegalität getrieben. Vor der Hauptveranstaltung, die in der Garnisonskirche stattfand, wurden für die Gewählten, soweit sie deren bedurften, Gottesdienste abgehalten. In dem der evangelischen Kirche predigte Bischof Otto Dibelius, der bevorstehenden Entscheidung vorab zustimmend: »Wenn es um Leben und Sterben der Nation geht, dann muss die staatliche Macht kraftvoll und durchgreifend eingesetzt werden«.[11] Den Kommentar dazu lieferte die gleichen Tages in der Presse bekannt gegebene Eröffnung des Konzentrationslagers in Dachau.

In der Garnisonskirche hielt Hitler sodann eine seiner schwülstig-nichtssagenden Reden jener Tage. Danach traten er und Hindenburg in der Gruft vor den Sarkophag des Preußenkönigs Friedrichs II. Den Abschluss bildeten vor dem Gebäude Parademärsche der Uniformierten, die symbolisierten, dass staatliche Militärmacht und SA und Stahlhelm nun zueinander gefunden hatten. Dem Ganzen klebte die Propaganda der Faschisten die Bezeichnung »Tag von Potsdam« auf, die dem Vorkommnis und darüber hinaus vor allem dem »Machtantritt« Charakter und Glanz eines historischen Ereignisses aufschminken sollte.

Zwei Tage später lag den Abgeordneten der Regierungsentwurf des Gesetzes »zur Behebung der Not von Volk und Reich«[12], des Ermächtigungsgesetzes, vor. Otto Wels hielt eine denkwürdige Rede[13]. Sein Auftritt erforderte Mut, denn es war nicht vorherzusagen, ob die Antwort Hitlers allein vom Pult aus erfolgen würde. Der SPD-Vorsitzende begründete das Nein seiner Fraktion,

11 Kühnl, Quellen, S. 222, Auszug.

12 Kühnl, Quellen, S. 195.

13 Kühnl, Quellen, S. 234 f. (Auszüge).

brachte es aber nicht fertig, auch nur ein Wort zum Fehlen der 83 Kommunisten und zu den gegen sie gerichteten Verfolgungen zu sagen. Dann stimmten die Fraktionen der bürgerlichen Parteien sämtlich und geschlossen dem Gesetz zu, das die Weimarer Verfassung erledigte. Mit der Ausfertigung einer eigenen machten sich die Machthaber auch in den folgenden Jahren keine Mühe.

Seit dem 30. Januar waren kaum mehr als 50 Tage vergangen, und die Deutschen hatten einen wenn auch nicht fertigen, aber sich in seinen Umrissen abzeichnenden anderen Staat erhalten, die Diktatur der äußersten rechten Reaktion. Den Siegern schallte beim Verlassen des Operngebäudes das obligatorische Siegheil ihrer bestellten Anhänger und von Gaffern entgegen.

2.
Der faschistische Staat wird errichtet

Nach den Wahlen und der ihr erteilten Ermächtigung ging die Regierung, gestützt auf die in den Startlöchern hockenden, nach eigenem Aufstieg und lukrativen Posten gierenden Funktionäre der NSDAP daran, die Hinterlassenschaften der Republik zu beseitigen. Das Generalziel war, die Kräfte von Staat und NSDAP zu einem Machtapparat zusammenzuballen, der die Arbeit und das Leben auch des letzten Bürgers, der nun »Volksgenosse« hieß, lenkte, antrieb und kontrollierte und ihn geistig ausrichtete. Im Rückblick von Rudolf Hess, des »Stellvertreters des Führers« für die Angelegenheiten der NSDAP, war die »Riesenorganisation des Staates, der gesamten Kultur, ja des gesamten Lebens der Nation bis hinunter in die untersten Zellen, in die Familie« von Grund auf umzustellen. Diese Arbeit sah Hess auch im dritten Jahr der Diktatur nicht als abgeschlossen an. Was schon geleistet worden sei, sei ohne »Reibungen« nicht abgegangen. Denn weder in der Partei noch im Staate sei das neue Verhältnis eines vollständigen Zusammenwirkens ganz begriffen worden.[14]

---

14 Rede vor den Gau- und Kreisleitern auf dem Parteitag der NSDAP, September 1935. In: Deutsche Geschichte 1933–1935, S. 118f.

Drei Linien wurden auf dem Wege der Machtbefestigung verfolgt: (1.) Umwandlung des Staatsapparats bis in die kleinste Gemeinde in eine strikt nach dem Führerprinzip aufgebaute faschistische Diktatur. Das schloss die Schaffung eines Kontroll- und Terrorapparates ein, mit dem sich auch die kleinste, gegen die Regierung gerichtete Aktivität unterdrücken ließ, (2.) die Unterbindung jeder gegen die Regierung gerichteten Beeinflussung der deutschen Bevölkerung, stattdessen die Errichtung des ideologischen und propagandistischem Monopols der NSDAP und des Staates und (3.) die Durchsetzung des Führerprinzips auch in der Wirtschaft mit dem Ziel, staatliche und private Interessen zu koordinieren und Arbeiter und Angestellte zu höchster Anstrengung und Produktivität anzutreiben, um in kurzer Frist die materiellen Grundlagen für die Aufrüstung und den Kriegssieg zu schaffen.

Auf der ersten Linie mussten alle Personen aus dem Staatsapparat von den Ministerien des Reiches bis in die geringste Ortsverwaltung entfernt werden, die auch nur im Verdacht standen, sich den Anforderungen der neuen Machthaber nicht unterwerfen oder anpassen zu wollen. Mit dem Reichsgesetz mit dem beirrenden Titel »Zur Wiederherstellung des Berufsbeamtentums«[15] vom 7. April 1933 schuf die Regierung dafür die rechtlichen Grundlagen. Paragraph 4 lautete: »Beamte, die nach ihrer bisherigen politischen Betätigung nicht die Gewähr dafür bieten, dass sie jederzeit rückhaltlos für den nationalen Staat eintreten, können aus dem Dienst entlassen werden.« Damit waren die Dienststunden insbesondere für tausende sozialdemokratische Beamte gezählt, Posten für ebenso viele Nazis freigemacht und ein Erbe von Novemberrevolution und Republikgründung liquidiert. Am gleichen Tage wurde das nach seiner wichtigsten Bestimmung meist »Reichsstatthaltergesetz« genannte Gesetz[16] erlassen. Es regelte die Machtverhältnisse in den deutschen Ländern und passte

15 Deutsche Geschichte 1933–1935, S. 41 f.

16 Zweites Gesetz »zur Gleichschaltung der Länder mit dem Reich« vom 7. April 1933. In: Deutsche Geschichte 1933–1935, S. 42 f.

sie den an der Reichsspitze geschaffenen an. Die vom Reichskanzler ausgewählten, von Hindenburg ernannten Reichsstatthalter wurde mit diktatorischen Vollmachten ausgestattet und u. a. befugt, Landesminister, Staatsbeamte und Richter zu ernennen und zu entlassen, den Landtag aufzulösen[17] und Neuwahlen anzuberaumen. Die Posten der Reichsstatthalter wurden in den meisten Fällen in Personalunion Führern von Gauorganisationen der NSDAP übertragen. Diese Gauleiter und nunmehrigen Reichsstatthalter gehörten durchweg zu den ältesten und verlässlichsten Weggenossen Hitlers. Einige von ihnen erhielten vor allem während der Kriegsjahre über ihr Gebiet hinausreichende zusätzliche Staatsaufgaben, so Fritz Sauckel in Thüringen, Joseph Bürckel in der Rheinpfalz und später im Saarland. In Preußen wurde das Amt vom Ministerpräsidenten ausgeübt, der seit dem 11. April Hermann Göring hieß. In Bayern, dem Land mit einer Vielzahl von Nazi-Gauen, fiel Hitlers Wahl auf Franz Ritter von Epp, der es in der Reichswehr ungeachtet seiner republikfeindlichen Haltung bis zum Generalleutnant gebracht hatte, aus ihr jedoch ausschied und sich 1928 der NSDAP auch als Mitglied angeschlossen hatte. Mit der Inthronisation dieser Regionaldiktatoren erledigte sich auch jegliche Funktion der Landtage, die im ersten Schritt hin zu ihrer Liquidation per Dekret nach den Ergebnissen der Reichstagswahl vom 5. März zusammengesetzt worden waren. 1934 endete dann auch ihre formale Existenz.

Bis gegen Ende des Frühjahrs 1933 war den bürgerlichen Parteien und der Sozialdemokratie noch eine Galgenfrist gewährt worden. Das war risikolos. Störungen der Machthabenden und ihrer Maßnahmen gingen von ihnen nicht aus. Sie befanden sich in einer Phase der Selbstauflösung. Illusionisten in ihren gelichteten Reihen mochten noch hoffen, es werde ihnen im »neuen Staat« ein Schattendasein zugebilligt werden. Am wenigsten Grund, das zu glauben, hatten die Sozialdemokraten, die sich zu-

---

17 Die ersatzlose Auflösung der Landtage erfolgte durch ein am 30. Januar 1934 erlassenes Gesetz über den »Neubau des Reiches«. In: Kühnl, S. 240 f.

nehmenden Verfolgungen ausgesetzt sahen. Nach den Kommunisten, was sie sich ausrechnen konnten, kamen sie an die Reihe. Die meisten ihrer von Verhaftungen besonders bedrohten führenden Genossen hatten sich ins Ausland begeben. Das tat im Mai auch ihr Vorsitzender Otto Wels, der sich zuerst nach Saarbrücken, später nach Prag wandte. Dorthin hatte sich ebenso einer der führenden Journalisten und Publizisten der Partei Friedrich Stampfer gerettet. Schon im März war der außenpolitische Sprecher der Partei, Rudolf Breitscheid über die Schweiz nach Frankreich emigriert. In der tschechoslowakischen Hauptstadt konstituierte sich ein Exilvorstand der Partei, der sich als SOPADE bezeichnete, um sich von den im Inland verbliebenen Vorstandmitgliedern und ihrem Anpassungskurs abzugrenzen. Der reichte bis zum Ausscheiden der jüdischen Mitglieder aus dem Vorstand. Otto Braun, der einstige preußische Ministerpräsident, flüchtete in die Schweiz. Carl Severing, einst preußischer Innenminister, war im März 1933 kurzzeitig verhaftet worden, blieb dann aber in Deutschland. Das tat auch Paul Löbe, der vieljährige Reichstagspräsident, der 1933 ein Jahr in Gefängnissen und Lagern inhaftiert wurde. Der bekannteste bürgerliche Parteipolitiker, der Deutschland verließ, war der Zentrumsvorsitzende Ludwig Kaas, der im Vatikan Aufnahme fand. Heinrich Brüning entschied sich 1934 für das Exil.

Zum letzten Mal wurden die Abgeordneten am 17. Mai 1933 zu einer Reichstagssitzung gerufen. Diesmal hatten sie die Kulisse und die Claqueure für einen weiteren verlogenen Auftritt Hitlers[18] abzugeben. Der gab in seiner Rede zur Außenpolitik eine Generalerklärung gegen den Krieg ab: »Kein neuer europäischer Krieg wäre in der Lage, an Stelle der unbefriedigenden Zustände von heute etwas Besseres zu setzen.« Das hörte auch der Rest der SPD-Fraktion. Eine Debatte schloss sich nicht an. Verlangt wurde die Zustimmung der Abgeordneten. Die erhielt Hitler ausnahmslos, denn die Sozialdemokraten taten mit. So bezeichnet

18 Rede Hitlers vor dem Deutschen Reichstag am 17. Mai 1933. In: Deutsche Geschichte, S. 45 f.

der Tag wie der 4. August 1914 einen Tiefpunkt in der Geschichte der deutschen Sozialdemokratie. Jedoch mit einem doppelten Unterschied: Diesmal war es nicht die geschlossene Fraktion, die sich auf die Seite der Regierung stellte, sondern nur der Rest, der sich in der Kroll-Oper eingefunden hatte. Und: anders als der Akt der Anpassung nahezu zwei Jahrzehnte zuvor blieb der diesmalige unbelohnt. Am 22. Juni verbot der Reichsinnenminister der Partei jede weitere Betätigung[19] und verfügte die Beschlagnahme ihres Vermögens. Das von den Faschisten als »wohlverdientes Ende der Landesverratspartei« bezeichnete Verbot feierte die SA mit Aktionen roher und mörderischer Gewalt. Sie hatten ihren Höhepunkt in den später als Köpenicker Blutwoche bezeichneten Geschehnissen, Morden und Folterungen, die in dem östlichen Berliner Bezirk an Mitgliedern sowohl der KPD als auch der SPD, der Gewerkschaften und des Reichsbanners verübt wurden. Die Welle von Inhaftierungen traf auch hunderte in Konzentrationslager verschleppte Sozialdemokraten.

Ende Juni und Anfang Juli räumten die bürgerlichen Parteien in rascher Folge das Feld. Die Verlautbarungen über ihre im Einvernehmen mit dem Reichskanzler, wie betont wurde, vorgenommene Auflösung bezeugten Kotaus vor den Herrschenden. Zudem erfüllten sie den Tatbestand von Dienstleistungen, denn die Mitglieder wurden aufgefordert, sich dem Regime einzugliedern. Die Zentrumsparteiführer empfahlen ihnen in ihrer Erklärung am 5. Juli 1933, sie sollten »ihre Kräfte und Erfahrungen der unter Führung des Herrn Reichskanzler stehenden nationalen Front zur positiven Mitarbeit … zur Verfügung stellen.«[20] Mit ähnlichen Aufforderungen verabschiedeten sich die Bayerische Volkspartei und die Staatspartei.[21]

Damit endete für unbestimmte Zeit die Existenz jenes Parteiwesens, das sich mit dem Aufkommen des Bürgertums seit der Mitte des 19. Jahrhunderts herausgebildet und der Durch-

---

19 Die amtliche Begründung in: Kühnl, Quellen, S. 198 f.

20 Deutsche Geschichte 1933–1935, S. 50 f.

21 Kühnl, Quellen S. 229.

setzung von dessen Interessen in Staat und Gesellschaft gedient hatte. Die Faschisten hatten es stets als undeutsch und importiert verunglimpft. Das hinderte sie nicht, sich in ihm einzunisten, darin ihre Kräfte zu sammeln und die Republik zu unterminieren. Hitler ließ nun das »Ende der nationalsozialistischen Revolution« verkünden. Seine Verlautbarung besaß zwei Adressaten: Den Bourgeois wurde noch einmal versichert, dass sie Eingriffe in ihre Interessenfelder nicht zu fürchten hatten und die Machthabenden auch weiter eine Beruhigung in Politik und Wirtschaft erstrebten. Und – wichtiger noch – der organisierten braunen Gefolgschaft, namentlich den Tausenden in den Sturmabteilungen, wurde bedeutet, dass die Zeiten eigenmächtiger Aktionen endgültig beendet seien[22] und sie also ihre ohnehin nebulösen Vorstellungen von »ihrer« Revolution begraben konnten. Das letztere ließ sich jedoch auf den Wege einer bloßen Verlautbarung nicht durchgängig erreichen.

Am 14. Juli verkündete die Regierung ihr »Gesetz gegen die Neubildung von Parteien«[23], das die NSDAP zur einzigen politischen Partei in Deutschland bestimmte und jeden Versuch zur Fortführung oder Neugründung anderer Parteien mit Zuchthausstrafe bedrohte. Auch die Deutschnationalen, der Koalitionspartner, hatten mithin das Feld verlassen. Am 1. Dezember folgte das Gesetz über die »Sicherung der Einheit von Partei und Staat«[24], in dem die NSDAP zur Körperschaft öffentlichen Rechts erklärt und ihr eine Sondergerichtsbarkeit für ihre Mitglieder zugebilligt wurde. Zudem wurde bestimmt, dass der »Stellvertreter des Führers« und der Stabschef der SA die Nazigruppe in der Reichsregierung verstärkten, Rudolf Hess und Ernst Röhm wurden Reichsminister.

Es war noch kein halbes Jahr ganz vergangen, und die politische Landschaft in Deutschland hatte sich in einem Grade ver-

---

22 Vgl. u.a. den Befehl des Stabschefs der SA Ernst Röhm vom 3. Juli 1933. In: Deutsche Geschichte 1933–1935, S. 54 f.

23 Reichsgesetzblatt 1933, Teil I, Nr. 81, S. 479.

24 Kühnl, Quellen, S. 240.

wandelt, das sich kaum jemand vorgestellt hatte. Die Republik, so amputiert sie sich in ihrem Endzustand auch darstellte, gehörte der Vergangenheit an. Die Staatsmacht befand sich fest in der Hand der Faschisten. Geradezu rasant waren die Anpassungsprozesse in Polizei und Justiz verlaufen. In allen Bereichen des Staatsapparates, von den Finanz- bis in die Schulverwaltungen, hatte sich ein erheblicher Teil des in der Republik beschäftigen Personals als faschistisch verwendbar gezeigt, zum Missvergnügen vieler »alter Kämpfer«, langjähriger NSDAP-Mitglieder also, für die folglich weniger lukrative Posten angefallen waren. Eine Geheime Staatspolizei war im Rückgriff auf die bis dahin den Ländern unterstehende politische Polizei der Republik entstanden, in der – angefangen mit deren Führer Heinrich Himmler – Angehörige der SS, der Eliteformation unter den paramilitärischen Verbänden der NSDAP, entscheidende Posten besetzten. In der Regierung hatte es keine Konflikte gegeben. Sie existierte mit Ergänzungen in ihrer ursprünglichen Zusammensetzung, mit der Ausnahme von Alfred Hugenberg. Der einstige DNVP-Vorsitzende, dessen Partei sich ebenfalls aufgelöst hatte[25], war nach einem Konflikt von seinen Ämtern zurückgetreten. Der war über seinen eigenmächtigen Auftritt auf einer internatonalen Konferenz in London entstanden, der er die unzeitgemäße Forderung nach deutschen Kolonien vorgetragen hatte. Und Hindenburg hatte, sofern das nötig war, das ihm von Hitler Vorgelegte abgezeichnet. Alle Hoffnungen, dieses Regime werde sich rasch in unlösbare politische Widersprüche und Kämpfe verwickeln, waren fürs erste zerstoben. Den Gegnern des Faschismus fiel es schwer, sich bis zu der Einsicht vorzuarbeiten, dass sie sich auf einen langen und ungleichen Kampf einzurichten hatten. Noch im Dezember 1933 wurde die »Machtergreifung« des Faschismus in Deutschland von den Teilnehmen einer Tagung des Exekutivkomitees der Kommunistischen Internationale in Moskau als Beweis angesehen, dass die »revolutionäre Krise und die Empörung

---

25 Verlautbarung der Reichspressestelle der NSDAP über die Auflösung der DNVP. In: Kühnl, Quellen, S. 227.

der Massen gegen die Herrschaft des Kapitals« wachsen würden. Dafür existierten im Reich keine Beweise. Interne Urteile lauteten anders, konstatierten eine »wirkliche innere Umwälzung zugunsten des Faschismus« und einen »raschen und starken Faschisierungsprozess«.[26]

Die Verfolgung der zweiten Linie der Machtbefestigung, die ideologische Unterwerfung und Ausrichtung von Millionen Deutschen, begann mit dem 30. Januar 1933 und dem Zugriff der neuen Machthaber auf den Propagandaapparat des Staates, der mit dem der NSDAP vereint und unter Joseph Goebbels zusammengeführt wurde. Dem Vorhaben kam die Ausbreitung des Rundfunks zugute, der 1933 bereits 4 bis 5 Millionen angemeldete Hörer erreichte, eine Zahl, die dann unausgesetzt wuchs. Die Machthaber wussten, welches Instrument ihnen da geworden war. Sie förderten die Produktion eines billigen Rundfunkempfängers, der noch 1933 unter der auf den Tag der Machtergreifung Bezug nehmenden technischen Bezeichnung Volksempfänger 301 auf den Markt gelangte. Im Volksmund erhielt er aber auch die Bezeichnung »Goebbelsschnauze«.

Die ersten Schritte galten der Herstellung eines Meinungsmonopols der Faschisten im Reich, jegliche oppositionelle Stimmen ob in Wort oder Schrift sollten zum Schweigen gebracht werden. Die Liquidierung der Pressefreiheit eröffneten Verbote, die sich gegen die Zeitungen der Arbeiterparteien richteten, während bürgerlichen Blättern Zeit für Anpassung und Umstellung gelassen wurde. In der so genannten »Reichtagsbrandverordnung« wurden auch Eingriffe in die Meinungs- und Pressefreiheit für rechtens erklärt.[27] Ihr folgte am 21. März 1933 eine Verordnung, die wie nahezu alle weiteren, was immer ihr Gegenstand war, einen demagogischen Titel bekam, Sie lautete »Zur Abwehr

---

26 Bericht über die Lage in Deutschland Nr. 1, Dezember 1933. In: Bernd Stöver, Berichte über die Lage in Deutschland. Die Beauftragten der Gruppe Neu Beginnen aus dem Dritten Reich 1933–1936, Bonn 1996, S. 2.

27 Deutsche Geschichte 1933–1935, S. 30 f.

heimtückischer Angriffe gegen die Regierung der nationalen Erhebung«.[28] Wer, so wurde gedroht, etwas äußere, das »gegen das Wohl des Reiches« gerichtet sei, das »Ansehen der Regierung« herabsetze oder auch das der NSDAP oder ihres Koalitionspartners, habe mit Gefängnis- oder Zuchthausstrafe zu rechnen. Was diese Qualität besaß, bestimmten die Regierung und ihre Organe selbst. Zu den vorhandenen war schon am 13. März 1933 als weiteres Instrument der Lenkung und Kontrolle der Beeinflussung der öffentlichen Meinung ein Reichspropagandaministerium hinzu gekommen, an dessen Spitze Goebbels trat, womit Partei- und Staatspropaganda in eine Hand gegeben waren. Goebbels wurde zugleich das Regiment über alle Bereiche von Kunst und Literatur ausgeliefert.

Deutlicher als in Worten beschrieb der neue Minister sein Verhältnis zur Literatur und darüber hinaus zur Wahrheit mit seinem nächtlichen Auftritt am 10. Mai 1933 auf dem Opernplatz Berlins gegenüber der Friedrich-Wilhelms-Universität. Dort veranstalteten faschistische Studenten eine Bücherverbrennung, die ihr Vorbild in der des Jahres 1817 auf der Wartburg hatte. Sie stellte jedoch nicht wie diese einen wirren Protest gegen Obrigkeiten dar, sondern unterstützte den staatlichen Kampf gegen den »undeutschen Geist« und ließ ihn als Verlangen des Volkes und namentlich der heranwachsenden Intelligenz erscheinen. Also wurde von Staats wegen für eine allseitige Unterstützung des politischen Spektakels gesorgt. Berittene Polizei geleitete die Demonstrierenden entlang der Straße Unter den Linden zum Ort der Untat. Der war von Scheinwerfern hell erleuchtet. Der Rundfunk berichtete. Die Feuerwehr stellte den, es regnete, notwendigen Brennstoff. Eingestellt hatten sich Professoren in Talaren, Korpsstudenten im Wichs ihrer Uniformen und eine nach Tausenden zählende gaffende Menge. Zu den, begleitet vom Hersagen so genannter »Feuersprüche« verbrannten Büchern gehörten die von Karl Marx, Karl Kautsky, Thomas Mann, Ernst Glaeser, Erich Kästner, Friedrich Wilhelm Förster, Sigmund Freud, Emil Lud-

28 Reichsgesetzblatt 1933, Teil I, Nr. 24, S. 135.

wig, Walter Hegemann, Theodor Wolff und Georg Bernhard, Erich Maria Remarque, Alfred Kerr, Kurt Tucholsky und Carl von Ossietzky. Deren und vieler anderer Schriften wurden in den folgenden Tagen aus öffentlichen und privaten Bibliotheken und Buchhandlungen entfernt, kamen in Archive, in den Müll oder in Papierfabriken.

Was sich in Berlin zutrug, ging ähnlich in weiteren deutschen Universitätsstädten vor sich. So verschieden der Inhalt der vernichteten Schriften, sie enthielten sämtlich Überzeugungen, Ansichten, Anklagen und Argumente deutscher und nichtdeutscher Autoren gegen die Ideologie und Politik der Faschisten und waren Barrieren gegen deren Verbreitung. Sie standen dem Erfolg derer entgegen, die sich Goebbels als Meinungsbildner des Volkes vorstellte. Die als solche noch Zugelassenen sollten parallel zur direkten militärischen Mobilisierung des Volkes seine geistige vollziehen. Die erschien Goebbels, nicht anders dachte Hitler, nötiger noch und schwieriger als die materielle Hochrüstung. 1933 wurden alle an diesem Prozess zu Beteiligenden in so genannten Kammern organisiert, die für das »Schrifttum«, die Presse, den Rundfunk, das Theater, die Musik und die bildenden Künste gegründet wurden. Zuvor schon war die Reichsfilmkammer entstanden. Wer sich in Deutschland noch auf einem dieser Felder betätigen wollte, musste Mitglied einer dieser Kammern werden und das wurde er nur, nachdem seine Tauglichkeit überprüft und für gut befunden worden war.

Aus dieser Atmosphäre der Bevormundung und Reglementierung flohen die besten Geister, die Deutschland auf dem Gebiete von Kunst, Literatur und Wissenschaft besaß, ins Ausland. Häufig geschah das auch, um Leib und Leben vor dem Zugriff der Staatspolizei zu retten und den Konzentrationslagern zu entgehen. Beides gelang Erich Mühsam und Carl von Ossietzky nicht, der eine starb 1934 im KZ Oranienburg, der andere, aus dem Konzentrationslager todkrank entlassen, 1938 in Berlin. Thomas und Heinrich Mann, Lion Feuchtwanger, Arnold Zweig, Leonhard Frank, Anna Seghers, Bertolt Brecht, Johannes R. Becher, Friedrich Wolf, Ludwig Renn, Erich Maria Remarque, Kurt Tucholsky, Bodo Uhse und viele weitere verließen das Land. Ihre ersten Fluchtorte waren europäische Nachbarstaaten, vor allem Frankreich und die Tschechoslowakei. Später, mit der drohenden und dann der verwirklichten Expansion der faschistischen Imperialisten, führten sie ihre Emigrationswege in die Sowjetunion, die USA, nach Mexiko und in andere amerikanische Länder.

Wenige Schriftsteller von Rang blieben zurück. Unter den Dichtern war das Gerhart Hauptmann, der, zurückgezogen in seinem Haus im Riesengebirge lebend, auch Auftritte an der Seite der Machthaber nicht mied. Unter den Dirigenten ließ sich Wilhelm Furtwängler von den Nazis hofieren und genoss die ihm zugemessene Sonderrolle. Ernst Barlach bekannte sich 1934 in einem Aufruf zum Regime, doch seine Werke wurden als »entartete Kunst« qualifiziert und entsprechend behandelt. Ricarda Huchs Texte wurden, wiewohl sie gegen die Politik der Machthaber protestierend aus der Preußischen Akademie der Künste austrat, dennoch publiziert. Sie lebte in Jena eine Form der inneren Emigration. Auch Romane und Erzählungen von Bernhard Kellermann, der aus der Preußischen Dichterakademie ausgeschlossen worden war, und Hans Fallada wurden gedruckt und gelangten in den Buchhandel. Gleiches galt für die reiche literarische Produktion Ernst Wiecherts, eines der meistgelesenen Schriftsteller der dreißiger Jahre, Er, konservativ gesinnt, hatte sich anfangs auf Seiten des Regimes gestellt, wurde 1938 aber für drei Monate in ein Konzentrationslager geschafft, jedoch ohne Folgen für sein weiteres Schaffen. Gottfried Benn war ein Aktivist der Gleichschaltung der Preußischen Akademie der Künste mit den Forderungen des Regimes, wurde jedoch 1938 aus dem Schriftstellerverband ausgeschlossen. Auch Erich Kästner, der zu den Verbrannten und Ausgeschlossenen gehörte, blieb in Deutschland und verfasste unter Pseudonym Texte für Film und Theater, denen er die Unterhaltungsindustrie bediente.

Rascher noch als die militärische Situation hatte sich in Deutschland das geistige Klima verändert. Presse und Verlage standen schon wenige Monate nach der Errichtung der Diktatur vor der Frage, sich anzupassen oder die Unternehmen zu schließen. Die Deutschen wurden von ausländischen Presse- und Druckerzeugnissen nahezu gänzlich abgeschnitten. Der deutsche Buchmarkt wurde fortan mit faschistischen Schriften und mit Büchern überschüttet, die insbesondere den Weltkrieg verherrlichten. Edwin Erich Dwinger, der als deutscher Soldat und in der Armee der Weißen in Russland gegen die Revolution gekämpft hatte, und Werner Beumelburg, selbst Weltkriegsoffizier, beide zählten mit ihren Kriegsromanen schon in der Republik zu den meistgelesenen Autoren, gehörten zu den besonders Empfohlenen, Gelesenen und Geehrten. Die organisierten antifaschistischen Kräfte, die das geistige Befinden in der Republik zu einem Gutteil mitbestimmt hatten, existierten nicht mehr. Ihre Möglichkeiten, Texte illegal zu drucken, waren auf das Äußerste eingeschränkt. Bei allen Anstrengungen und Opfern, die Hersteller und Verbreiter, auch von im Ausland verfertigten Schriften, auf sich nahmen, blieb diese Broschüren- und Flugblattliteratur ohne größeren Einfluss. Wer Fremdsprachen beherrschte, konnte ihm vorenthaltene Informationen über den Rundfunk beziehen. Andere taten das über deutschsprachige Sender oder Sendungen beispielsweise über Radio Beromünster in der Schweiz oder, technisch aufwändiger, über Moskau.

Die dritte Linie, auf der die Befestigung des faschistischen Regimes erfolgte, war durch Schritte gekennzeichnet, mit denen Staats- und Kapitalmacht zusammengeführt wurden. Das geschah mit dem doppelten Ziel, die entrechteten Arbeiter, denen das Koalitions- und Streikrecht genommen war, in eine geduldig und gehorsam schuftende Masse zu verwandeln und, darauf gestützt, die Volkswirtschaft zur Basis von Hochrüstung und künftiger Kriegswirtschaft zu machen. Während des Wahlkampfes hatten sich die Führer der Wirtschaftsorganisationen noch mit Sympathiekundgebungen zugunsten der Regierung Hitler zurückgehalten, da die nur den Anschein von »nationalsozialistischer Revolution« abgeschwächt hätte. Als diese Rücksichten gefallen waren, schrieb Gustav Krupp von Bohlen und Halbach an Hitler, »der Reichsverband der Deutschen Industrie … wird alles tun, um der

Reichsregierung bei ihrem schweren Werke zu helfen«[29]. Der Stil dieses Schreibens war wegweisend, die Mächtigen der Industrie und der Banken gaben sich wie der letzte SA-Marschierer bescheiden als Hilfskräfte des Regimes. Ihr wichtigstes und erstes Anliegen war es, dass bei der Neuorganisation des politischen Lebens die Gewerkschaften, vor allem der ADGB, verschwanden. Wie das geschehen könnte, schlug das geschäftsführende Mitglied der Vereinigung Deutscher Arbeitgeberverbände, Roland Brauweiler, am 31. März Hjalmar Schacht vor: Es sollte eine »zuverlässige Gewerkschaft nur aus den hinter der Regierung stehenden Gruppen« geschaffen werden.[30]

Vor dem Schlag gegen den freien Gewerkschaftsbund beschloss die Regierung in einem demagogischen Großmanöver, den 1. Mai zum arbeitsfreien und bezahlten Feiertag zu erklären. Damit ging sie einen Schritt, der sich in der Republik nicht hatte durchsetzen lassen. Zugleich aber entschärfte sie den Sinn des Tages, der, seit er begangen wurde, der Demonstration geschlossener Kampfbereitschaft für Arbeiterrechte gegolten hatte. Sie machte aus ihm einen »Tag der nationalen Arbeit« und des Bekenntnisses zur Mitarbeit an dem angeblich neuen Deutschland. Und sie stieß dabei nicht auf Ablehnung der Führer des ADGB, ja nicht einmal auf dessen schweigende Hinnahme. Der Vorstand rief seine Mitglieder vielmehr zur Teilnahme an der von den Faschisten in Berlin auf dem Tempelhofer Flugfeld anberaumten zentralen Kundgebung.[31] Als deren Redner war Hitler angekündigt. Im Aufruf der Gewerkschaftsführer wurde der »gesetzliche Feiertag der nationalen Arbeit« begrüßt, der »vollberechtigten Eingliederung der Arbeiterschaft in den Staat« das Wort geredet und versichert, die Regierung bei der Arbeitsbeschaffung unterstützen zu wollen.[32]

---

29 Auszug des Schreibens in: Dokumente der deutschen Geschichte 1933–1935, S. 36.

30 Auszug ebd., S. 38.

31 Beschluss des Bundesausschusses des ADGB vom 19. April 1933. In: Kühnl, Quellen, S. 237

32 Vgl. ebd., S. 43

Das war ein Angebot der Einordnung der Gewerkschaftsorganisation in die Politik der neuen Machthaber.

Es kam nicht überraschend. Seit dem 30. Januar war vom Bundesausschuss des ADGB nichts verlautet, was Arbeiter zur Gegenwehr gerufen hätte. Im Februar hatte er sich an Hindenburg gewandt, er solle die Reichsverfassung gegen Verletzungen und seine Weltkriegskameraden, die Frontkämpfer, die in größter Anzahl im AGDB vereinigt seien, vor Diffamierungen und Ausgrenzungen schützen. Das politische Duckmäusertum blieb unbelohnt. Am 2. Mai 1933 wurden der ADGB verboten und die Gewerkschaftshäuser besetzt, die Verfolgung der Funktionäre und ihre Verschleppung in Konzentrationslager begann. Der Terrorakt hatte seine Akteure in der SA und seine Profiteure in allen Kreisen der Bourgeoisie, in denen der Gedanke nie aufgegeben worden war, den Werktätigen die Zugeständnisse wieder zu entreißen, die ihnen gemacht werden mussten, als sich die Besitzenden 1919 vor der Revolution in die Republik retteten. Den christlichen Gewerkschaften blieb eine kurze Existenzfrist. Sie überlebten das Jahr 1933 nicht.

Als einzige legale politische Organisation verblieb in den Betrieben nun die 1930 gegründete Nationalsozialistische Betriebsorganisation (NSBO). Die war bei ihren Werbungen nicht ohne antikapitalistische Demagogie und Frontstellungen gegen Unternehmer ausgekommen und hatte sich, ein einziges Mal einen Arbeitskampf unterstützend, in Berlin gar im November1932 am Verkehrsarbeiterstreik beteiligt. So haftete ihr der Geruch des Klassenkämpferischen an. Für den Moment wurde sie jedoch gebraucht. Doch fehlte es ihr an qualifiziertem Personal, mit dem sie die Betriebsräte besetzen konnte. Vor allem besaß sie keine Aussichten, ihr geringes Ansehen bei den Belegschaften aufzubessern. Für die dauernde Einnahme des zu besetzenden Platzes war sie daher nicht tauglich. Ihre Auflösung erfolgte 1935.

Schon am 10. Mai 1933 war die Deutsche Arbeitsfront (DAF) ins Leben gerufen worden, eine Gründung, die in ihrem Namen zwar eine Frontstellung vorgab, doch war die nicht gegen das Kapital gerichtet. Sie wurde als Naziformation geschaffen, die für den innerbetrieblichen Frieden zu sorgen hatte und, damit sie in Belegschaften überhaupt Fuß fassen konnte, sich als Organisation präsentierte, die Arbeitenden ein Freizeit- und Urlaubsangebot machte. Im Unterschied zu allen anderen so genannten Gliederungen der Partei und ihr angeschlossenen Verbänden war sie nicht auf dem Prinzip der Freiwilligkeit aufgebaut. Wer in einem Betrieb oder einer Verwaltung tätig war, konnte sich der Mitgliedschaft kaum entziehen. Manche mochten ihr auch beitreten, weil sie damit einen zu wenig verpflichtenden Ausweis ihrer Loyalität zu haben meinten. Mitglied der DAF wurde so faktisch jeder Arbeitende, Mann oder Frau, der einen Arbeitsplatz besetzte. So erfasste sie schließlich 22 Millionen Berufstätige. Der zu entrichtende Mitgliedsbeitrag wurde wie andere Abzüge vom Lohn einbehalten. Mit diesen Geldern und dem geraubten Gewerkschafts-Eigentum wurde die DAF eine der reichsten NS-Organisationen. Unter ihrem Dach entstand zudem die Organisation »Kraft durch Freude«, zu deren Angeboten eine meist flache Unterhaltung und Wochenend- und Urlaubsreisen gehörten. Letztere wurden zum Propagandaschlager des »Nationalsozialismus« schlechthin und zum Beweis erhoben, dass es Unterschiede zwischen reich und arm im »Dritten Reich« nicht mehr gebe. Um den Interessengegensatz zwischen Lohnabhängigen und Kapitalisten zu verdecken und den Anschein einer »Betriebsgemeinschaft« zu erwecken, traten formell auch die Unternehmer der DAF bei. An die Spitze dieser Arbeitsfront wurde von Hitler in Personalunion der Reichsorganisationsleiter der NSDAP Robert Ley gestellt, einer seiner alten Kämpfer, der sich ihm 1923 angeschlossen hatte. Den Funktionären der DAF schlug vielfach Misstrauen und Verachtung entgegen und das mit Gründen, zumal sie vielfach als Spitzel in Diensten der Gestapo standen, deren Beauftragte nicht nur in den rüstungswichtigen Betrieben ein- und ausgingen.

Mit der Beseitigung der Gewerkschaften waren die Wünsche von Kapitalisten jedoch nicht vollständig erfüllt. Noch existierten in Betrieben, deren Belegschaft mehr als 20 Personen betrug, Betriebsräte, die Resultat von Kämpfen der Rätebewegung waren, die von der Novemberrevolution ausging. Sie besaßen gesetzlich fest umrissene Rechte. Die beseitigte am 20. Januar 1934 auch formal das Gesetz »zur Ordnung der nationalen Arbeit«. Es erhob »die Unternehmer« zu Betriebsführern, die gegenüber den Arbeitern und Angestellten in allen betrieblichen Angelegenheiten allein entscheidungsbefugt waren. Damit war das »Herr im Hause«-Recht aus Kaiserzeiten wieder hergestellt. Die zur Gefolgschaft erklärte Belegschaft hatte diesen Führern »Treue zu halten«. Den Wandel benannte auch die Namensänderung, aus Betriebsräten wurden Vertrauensräte. Die wurden zwar gewählt, aber die Kandidaten bestimmte der Betriebsführer gemeinsam mit dem Obmann der NS-Betriebszellen-Organisation. Den Arbeitern blieb eine geringe Chance, ihre Ablehnung des Regimes und seiner Büttel zu bekunden. Das taten etwa 50 Prozent der Teilnehmenden bei den Wahlen 1934 und 1935. Das genügte, um zu bewirken, dass weitere Abstimmungen unterblieben.

Nach einem Jahr Diktatur war die Unterwerfung und Entrechtung von Millionen auf politischer und geistiger Ebene und an ihren Arbeitsplätzen weit vorangeschritten, doch nicht vollendet. Das war noch nicht das Volk, das sich »der Führer« wünschte. Aber die Grundlagen dafür, diesen Prozess voranzutreiben, waren gelegt, schwere Barrieren nicht mehr zu nehmen. Die Formierung der faschistischen Volksgemeinschaft war auf dem Wege. Ein sichtbares Relikt aus Republikzeiten war indessen noch geblieben: Die Person und des Amt des Reichspräsidenten. Auch wenn der, was viele anfangs grundlos gehofft hatten, sich nicht als Bremser wider die rabiatesten Maßnahmen der Faschisten erwiesen hatte, so passte er nicht in den Führerstaat, doch im fernen Ostpreußen auf seinem Landgut lebend und keinen Laut mehr gebend, störte er auch nicht. Hitler hatte anders als der Duce, der formal ja unter einem Staatsoberhaupt, dem italienischen König Viktor Emanuel III., herrschte, nicht die Absicht, jemanden auch nur als Symbol über sich zu dulden. Die Angelegenheit löste sich auf biologischem Wege. Hindenburg starb am 2. August 1934. Das Kabinett hatte vorgesorgt und am Tag zuvor in einem Gesetz bestimmt, die Ämter des Reichspräsidenten und des Reichskanzlers zusammenzulegen und sie Hitler zu übertragen. Der ließ am

19. August das deutsche Volk über diese Entscheidung noch einmal abstimmen, sicher, dass er damit kein Risiko einging. Das Exempel war bereits ein dreiviertel Jahr zuvor mit einer Abstimmung gemacht worden, in der die Deutschen am 12. November 1933 gefragt worden waren, ob sie Deutschlands Austritt aus dem Völkerbund guthießen. Gleichzeitig durften sie einen neuen Reichstag wählen, in dem es nur noch NSDAP-Mitglieder und Sympathisanten des Faschismus gab. Da bereits hatten sich 95 Prozent hinter die Entscheidung der Regierung gestellt und 92 Prozent für die Einheitsliste der Reichstagskandidaten gestimmt. Nun hießen neunzig Prozent der Abstimmenden das Gesetz gut, 10 Prozent lehnten es jedoch ab. Das war wieder eine ernüchternde Zahl, gemessen an den mehr als dreißig Prozent Stimmen, die Sozialdemokraten und Kommunisten am 5. März 1933 noch erhalten hatten.

Am Tage nach der Ämterzusammenlegung, dem 3. August 1934, erklärte Hitler in einem Aufruf den Kampf um die Macht in Deutschland für beendet und stellte fest: »Angefangen von der höchsten Spitze des Reiches über die gesamte Verwaltung bis zu Führung des letzten Ortes befindet sich das Deutsche Reich heute in der Hand der Nationalsozialistischen Partei«. Auch der Titel Reichspräsident, ein Erbteil der Republik, hatte sich erledigt. Hitler nannte sich Führer und Reichskanzler und wurde Oberbefehlshaber der Reichswehr. Von seinen Gefolgsleuten ließ er sich mit »Mein Führer« anreden.

3. Das Regime und die Massen

Zum Ursachenkomplex, der bewirkte, dass das faschistische Regime seine Macht behaupten und rasch festigen konnte, ohne auf größere Widerstände zu stoßen, gehörte, dass seine Führergruppe und deren politische Möglichkeiten anfänglich unterschätzt wurden. Selbst als die Wahlen am 5. März 1933 und die Annahme des Ermächtigungsgesetzes im Reichstag erwiesen hatten, dass seine Installation nicht nur eine Episode in der deutschen Geschichte sein würde, hielten sich verschiedenste Hoffnungen, es werde doch von kurzer Dauer sein. Zu den Überlegungen, die diesen optimistischen Zukunftsblick stützten, zählte die Annahme, dass es nicht gelingen werde, die wirtschaftlichen Probleme zu lösen, mithin die Versprechen einzulösen, welche die NSDAP über Jahre gemacht hatte. Dann würden sich die enttäuschten Massen gegen die neuen Machthaber stellen. Andere glaubten, es werde dieses Regime durch innere Widersprüche anderer Art, beispielsweise infolge von Konflikten über unterschiedliche Herrschaftskonzeptionen innerhalb seiner Führungsgruppe, in eine unbehebbare Krise geraten. Dritte wieder sahen schwere Konfrontationen zwischen den Regierenden und den Mächtigen der Wirtschaft voraus. Nichts von alledem trat ein.

Wer am Jahresende 1933 nüchtern in dieses Deutschland blickte, kam zu dem Befund, dass die Mehrheit seiner Bevölkerung zu diesen neuen Machthabern in keinem ablehnenden oder gar feindlichen Verhältnis stand. Massenhaft hatten Deutsche sich schon während der ersten drei Monate dem Regime angepasst. Am entschiedensten jene, die in die NSDAP eingetreten waren. Deren Mitglieder waren von Januar 1933 von 850.000 auf zweieinhalb Millionen im Mai angewachsen. Gegen diese Flut schloss die Führung sodann die Pforten und erließ eine Aufnahmesperre. Das führte viele in die der Partei angeschlossenen Gliederungen und Verbände, wovon sie sich Vorteile bei Bewerbungen und Karrieren versprachen. Auch außerhalb dieser Reihen der Organisierten bekannten sich »Volksgenossen«, zum Führer – die einen begeistert oder vertrauens- und erwartungsvoll, andere nahmen eine abwartende Haltung ein. Dritte hatten sich schlicht mit den Verhältnissen abgefunden. In dieser Volksmasse brodelte es nicht, wenn die Faschistenführer auch noch weit von dem von ihnen erstrebten Zustand entfernt waren. Der würde erreicht sein, wenn aus den Deutschen eine Marschkolonne formiert war, mit der sich einen Tages in Kriege ziehen ließ. Die Führer benutzten für diese Zielangabe die unterschiedlichsten Formulierungen. Stabschef Röhm sprach vom Volk, das man fest in der Hand haben müsse.

Hitler hatte am 10. Februar 1933 in seiner Wahlrede die

Millionen erwähnt, die »uns« heute noch verfluchen. Erst wenn die gewonnen wären, würde das Regime fest verankert sein. Der erste und entscheidende Schritt dahin war die Veränderung der wirtschaftlichen und sozialen Lage, unter der Millionen litten. Erreicht werden musste vor allem die Reduzierung und danach die völlige Beseitigung der Arbeitslosigkeit. Dem Vorhaben kam entgegen, dass die Weltwirtschaftskrise in der zweiten Jahreshälfte 1932 ihren Tiefpunkt erreicht hatte. Die Machthabenden konnten hoffen, der objektive Prozess werde die allmähliche Belebung der Wirtschaft mit sich bringen und ihnen gleichsam in die Karten spielen. Dieser Wandel ließ sich durch Staatsaufträge fördern, doch zunächst nur in beschränktem Umfang. Wo das geschah, geschah es mit pompösem propagandistischem Aufwand, wie beim Beginn des Autobahnbaus. Der erfolgte nahe Frankfurt a. M. am 23. September 1933. An der Baustelle marschierten die Schipperkolonnen in Reih' und Glied mit geschultertem Arbeitsgerät auf. Hitler erschien und griff selbst zum Spaten, was Filmoperateure und Fotografen festhielten. Das ergab das Bild eines ganz anderen Politikers, als es alle seine Vorgänger aus jüngster Vergangenheit abgegeben hatten. In solcher Pose vermochte sich niemand Franz von Papen, den einstigen Reichs- und jetzigen Vizekanzler, oder Heinrich Brüning vorstellen. So begann der Bau jener Verkehrswege, die angeblich eine deutsche Erfindung waren. Später hießen sie die »Straßen des Führers«. Im schon existierenden Konzept künftiger Kriege, in denen die motorisierten Landstreitkräfte eine erhebliche Rolle spielen würden, waren sie bestimmt, Truppen rasch von den West- zu den Ostgrenzen verlagern zu können oder umgekehrt. Propagandaplakate indessen zeigten fröhliche Volksgenossen, die in ihrem Volkswagen die deutschen Lande kennen lernten.

Aller Reklamerummel um den Straßenbau konnte nicht verdecken, dass es im Verlauf des Jahres 1933 keine bemerkenswerten Fortschritte bei der Bekämpfung der Arbeitslosigkeit gab, die mit dem Wintereinbruch saisonbedingt sogar wieder anwuchs. Nach den Angaben der Reichsanstalt für Arbeitsvermittlung und Arbeitslosenversicherung waren 1932 5,6 und 1933 4,8 Millionen

Arbeitslose registriert. Nein, ökonomische Erfolge und beginnender sozialer Wandel waren es nicht, die die Faschisten nach einem Jahr ihrer Machtausübung eine positive Bilanz im Hinblick auf die Stabilität ihres Regimes ziehen ließen. Was dann? Die Machthaber lebten bei den einen noch von einem Vertrauensvorschuss. Noch verfingen die von der allmächtigen Propaganda immer wieder vorgeführten Bilder von der einträchtigen Gemeinschaft aller Deutschen, die Ideen an Marxismus und Klassenkampf hinter sich gelassen hatten.

Wie es um das Anwachsen der Gefolgschaft stand, dafür hatte es im November 1933 einen beschränkt verwertbaren Beleg gegeben. Da waren die Deutschen aufgefordert worden, in der erwähnten Volksabstimmung den von der Regierung bereits vollzogenen Schritt des Austritts aus dem Völkerbund gutzuheißen, mithin den ersten spektakulären außenpolitischen Akt des neuen Regimes zu billigen.[33] Dafür hatte das Argument herhalten müssen, die ausländischen Großmächte, die den Bund beherrschten, verweigerten Deutschland die Gleichbehandlung, das Recht zur Aufrüstung nämlich, dieweil sie den 1919 eingegangenen Verpflichtungen zur Abrüstung nicht nachkämen. Diese deutsche Regierung würde das, anders als ihre Vorgänger, nicht hinnehmen.

Was auf den ersten Blick sich so ansah, als handele es sich darum, gegen die Politik zu protestieren, die Deutschland mindere Rechte zugestand, war auf den zweiten de facto ein Ja zum Kurs der deutschen Aufrüstung. Mithin hatten die Wahlberechtigten Gelegenheit, durch ihr Nein sowohl gegen das Regime als Ganzes wie gegen die Militarisierung Deutschlands zu stimmen. Hätten Hitler und seine Clique solche Entscheidung befürchten müssen, hätten sie die »Volksgenossen« schwerlich an die Wahlurnen gerufen. Der gewünschten Entscheidung hatten sie nicht nur durch eine beispiellose Propagandawelle vorgearbeitet. Sie profitierten von der in der Republik permanent und von allen Parteien be-

33 Aufruf der Reichsregierung an das deutsche Volk zur Sanktionierung des Völkerbundaustritts vom 14. Oktober 1933. In: Deutsche Geschichte 1933–1935, S. 63.

triebenen Anti-Versailles-Propaganda, deren kommunistische Variante aber durch einen klaren Antimilitarismus charakterisiert war. So konnten die Machthaber gewiss sein, dass sie ein Ergebnis erhalten würden, das sich als ein ihnen geltender Vertrauensbeweis ausgeben ließ. Sie täuschten sich nicht. Nach dem offiziellen Bericht hatten 95,1 Prozent der Wähler den Austritt bejaht. Dass 96,3 Prozent der Berechtigten an der Abstimmung teilgenommen hatten, zeugte vom erreichten Disziplinierungsgrad und dem Wunsch, sich den Mächtigen nicht verdächtig zu machen.

Mit dieser Abstimmung war zudem die Neuwahl des Reichstages verbunden, der nach dem Ausscheiden auch der Sozialdemokraten ein Torso war und aus dem nun alle entfernt werden sollten, die nicht als uneingeschränkte Gefolgsleute des Regimes angesehen wurden. Diese »Männer der Deutschen Reichstags«, so ihre Anrede, Frauen gehörten dem Gremium nach dem Rollenverständnis der Faschisten nicht an, gaben künftig die Kulisse für Hitlers Reden ab. Der Volksmund verlieh ihnen wegen des obligatorischen Absingens der Nationalhymne, die nun aus dem »Deutschlandlied« und der Nazihymne »Die Fahne hoch« bestand, die Bezeichnung als »Deutschlands größtem Männergesangverein«.

Wenn das Vertrauen der Massen – abgesehen vom Stillhalten, das durch Einschüchterung und Terror bewirkt wurde – zum Regime in dieser Frühphase seiner Existenz aber nicht durch Erfolgsbestechung auf Feldern der Innen- oder Außenpolitik gewonnen war, wodurch war es dann zustande gekommen? In erster Linie durch die Dienste, welche ihm von Kräften geleistet wurden, die in erheblichen Teilen der deutschen Bevölkerung Vertrauen genossen und gehorsame Anhänger besaßen. Wenn sie für die neue Ordnung gutsagten oder sich verbürgten, wurden Volksteile erreicht, die ihr bislang ablehnend bis skeptisch gegenüberstanden. An solchen Hilfsdiensten fehlte es nicht. Von den letzten regimefreundlichen Verlautbarungen der bürgerlichen Parteien im Juni/Juli 1933 war schon die Rede. Diese Parteien hatten insgesamt im März noch etwa 6 Millionen Wähler gewonnen, von denen ein nicht festzustellender Teil diesen Aufforderungen Folge geleistet haben dürfte. Schwerwiegender noch wogen Weisungen, die von den beiden großen christlichen Kirchen ausgingen, von denen die katholische gar als so etwas wie ein Damm gegen die gottlosen Faschisten gegolten hatte. Von ihrer Obrigkeit war dem Kirchenvolk eine Distanz zur NSDAP abgefordert worden. Diese Haltung war schon am 28. März 1933 vom Vorsitzenden der Fuldaer Bischofskonferenz Kardinal Bertram nach einer Verständigung mit den Bischöfen aufgegeben worden.[34] Darin wurde gesagt, dass es keiner besonderen Mahnung bedürfe, um die Gläubigen »zur Treue gegenüber der rechtmäßigen Obrigkeit und zu gewissenhafter Erfüllung der staatsbürgerlichen Pflichten unter grundsätzlicher Ablehnung allen rechtswidrigen und umstürzlerischen Verhaltens« anzuhalten. Gewichtiger noch war, dass Kardinalstaatssekretär Pacelli, der spätere Papst Pius XII., für den Vatikan am 20. Juli 1933 in Rom mit Franz von Papen, dem Stellvertreter Hitlers im Reichskanzleramt, ein Reichskonkordat[35] abgeschlossen hatte. Der Schritt konnte von der faschistischen Propaganda als Ausdruck dafür ausgegeben werden, dass der Heilige Stuhl die Berliner Regierung als verlässlich ansah und deren Zusicherungen über die Rechte und Freiheiten der Kirche und des Kirchenvolkes für glaubwürdig hielt. Das war für Hitler so etwas wie ein Geschenk und außenpolitischer Eröffnungszug. Denn keine auswärtige Macht hatte sich bis dahin zu Vergleichbarem oder Ähnlichem entschlossen. Demnach hatten die Bischöfe dem Reichspräsidenten zu versprechen, dass sie sich der »pflichtgemäßen Sorge um das Wohl und das Interesse des deutschen Staatswesens befleißigen« würden. An Sonn- und Feiertagen sollte in den Kirchen ein Gebet für »das Wohlergehen des Deutschen Reiches und Volkes« gesprochen werden. Zum Vertrag gehörte auch ein geheimer Zusatz, der für den gedachten Fall der Einführung der Wehrpflicht und den Kriegsfall die Behandlung und Verwendung der katholischen Geistlichkeit regelte.

---

34 Kundgebung der Fuldaer Bischofskonferenz vom 28. März 1933. In: Deutsche Geschichte 1933–1935, S. 37.

35 Kühnl, Quellen, S. 220 f.

In der evangelischen Kirche verlief der Prozess der Herstellung eines Verhältnisses, das auch sie zu einer Regimestütze machte, widerspruchsvoller, langwieriger und nicht geschlossen. Ein Teil ihrer Exponenten ergriff öffentlich die Partei des Regimes. Es konstituierte sich die Deutsche Evangelische Kirche mit einem Reichsbischof an der Spitze. Das Amt erhielt Ludwig Müller, der seit 1931 Mitglied der NSDAP war und die Kirche strikt auf die Zusammenarbeit mit dem Regime ausrichtete. Die innerhalb der Kirche vorherrschende Strömung, von der diese Entwicklung vorangetrieben wurde, war die der Deutschen Christen, die schon in der Republik für ein Zusammengehen mit der NSDAP eingetreten waren. Dagegen erhob sich eine Opposition, die sich ihrerseits im Notbund evangelischer Pfarrer zusammenschloss, später in der Bekennenden Kirche.

Ein Teil des deutschen Bourgeoisie, darunter kleine und mittlere Kapitaleigner, die ihre Interessen in der Republik durch die nichtfaschistischen bürgerlichen Parteien vertreten sahen und Vorbehalte gegen die NSDAP vor allem wegen des revoluzzerhaften Auftretens der SA besessen hatten, dürfte seine Meinung auch unter dem Einfluss der wirtschaftspolitischen Maßnahmen geändert haben. Der bereits im Mai 1933 verfügte Lohnstopp kam auch dieser Kapitalfraktion recht. Seine Anhänger hatte Hitler das erste Mal schon in den Tagen nach der Märzwahl zur Ordnung gerufen.[36] Die Beseitigung der Gewerkschaften und der Betriebsräte gehörte ohnehin zu den Wünschen auch dieser Fraktion. Eingriffe antikapitalistisch scharfgemachter Nazis in ihre Geschäfte waren hingegen nicht erfolgt oder, wo doch geschehen, gestoppt worden. Zudem waren da die Vertrauenserklärungen, die 1933 von führenden Kräften in den Organisationen des Bank- und Industriekapitals zugunsten der Hitler-Regierung abgegeben wurden. Die Mächtigen der Wirtschaft richteten sich erkennbar

36 In einem Aufruf an die NSDAP vom 10. April war von ihren Mitgliedern »höchste Disziplin« und das Unterlassen von »Störungen im Geschäftsleben« gefordert worden. Deutsche Geschichte 1933–1945, S. 31.

auf eine dauerhafte Zusammenarbeit mit denen der Politik ein. Das wirkte beispielgebend.

Ein über die Klassen und Schichten hinausgreifender Effekt, der dem Regime lange zugute kam, war der Eindruck, dass dieser Hitler als Reichskanzler, hatte er sich auch nicht von einem Saulus zu einem Paulus gewandelt, ein anderer geworden sei als der Parteiführer der »Kampfzeit«, wie die NSDAP-Oberen die Jahre nannten, in denen sie die Republik unterminiert hatten. Was er sprach und verkündete, hatte mit seinen Reden, die seine Bewegung aufwiegelten und anfeuerten, nichts mehr gemein. Jetzt sprach er sie als Ordnungsmacht an. Was er als sein Regierungsprogramm ausgab, stand mit Inhalten seines »Kampfbuches« mehrfach in eklatantem Widerspruch. Mit einer Ausnahme: seine verbalen Attacken gegen Marxismus, Kommunismus und Bolschewismus hatten an Schärfe nichts verloren. Und die Errichtung der Konzentrationslager, die Todesurteile gegen Kommunisten, von ordentlichen Gericht gefällt und von der Justiz vollstreckt, schließlich der Reichstagsbandprozess, wenn er gemessen an seinen propagandistischen Zielen auch misslungen war, bezeugten, dass die Devise »Zerstampft den Kommunismus« Handlungsgrundsatz dieser Machthaber war. Die Mehrheit der Deutschen, mochte sie einzelne Maßnahme auch nicht gutheißen, fühlte sich dadurch nicht abgestoßen. Sie vermochte nicht zu erkennen oder sie wollte nicht wahrhaben, dass sie Bürger eines Staates geworden war, dessen Machthaber humanistische Grundsätze nicht scherten.

Später, als das Regime Geschichte war, werden diese Deutschen sagen, sie seien belogen und betrogen worden. Das ließ sich hundertfach belegen, doch darin erschöpfte sich das Geschehene nicht. Was sie wahrnahmen, was sie in der reglementierten und zensierten Presse lesen konnten, hätte hingereicht, eine andere Parteinahme zu begründen. Doch dafür mussten unaufgebbare Prinzipien eine Grundlage abgeben. Mit der Anpassung unter Druck oder aus eigenem Entschluss vollzog sich in weiten Teilen des Volkes indes ein moralischer Verfall. Resignation, Gleichgültigkeit und Teilnahmslosigkeit verbreiteten sich, wenn nötig mit dem Argument gerechtfertigt, man könne gegen dieses Regime und seine Macht doch nichts ausrichten.

Nach Beobachtungen von Sozialdemokraten, die seit Frühjahr 1934 beim Exilvorstand der Partei in Prag in Berichte[37] zusammengefasst und zu Verallgemeinerungen verarbeitet wurden, entwickelte sich am Beginn des Jahres 1934 in Deutschland ein Stimmungswandel. Demnach sei der Begeisterungsrausch des Jahres 1933 verflogen, an seine Stelle wären, all das Begriffe aus jenen Texten, Missstimmung, Ernüchterung, Unzufriedenheit, Enttäuschung, Verbitterung getreten. Offenkundig war Vielen der Geduldsfaden gerissen. Sie waren nicht bereit, erst nach der von Hitler geforderten Vierjahresfrist ihr Urteil zu fällen. Sie sahen, dass um die Arbeitsschlacht, die verkündet worden war, zwar propagandistischer Lärm gemacht wurde, Entscheidendes gegen die Arbeitslosigkeit aber nicht erreicht worden war. Die Zahl der abhängig Erwerbstätigen war 1933 nach der offiziellen Statistik gegenüber 1932 sogar noch einmal leicht um etwa 170.000 Personen zurück gegangen und betrug noch 18.540.000. Die Reichsanstalt für Arbeitsvermittlung und Arbeitslosenversicherung registrierte 4.804.000 Arbeitslose, was gegenüber 1932 eine Verminderung um 800.000 ausmachte. Zudem erwiesen sich viele Maßnahmen, die zur Reduzierung der Arbeitslosigkeit ergriffen worden waren, als gegen die Arbeiter gerichtet. Der Arbeitsmarkt wurde sukzessive beseitigt. Stattdessen erfolgten Zwangseinweisungen auf Arbeitsplätze in Industrie und Landwirtschaft oder zum nicht mehr, aber noch so genannten Freiwilligen Arbeitsdienst. Die diesen Arbeitern gezahlten Löhne lagen häufig kaum über den Unterstützungszahlungen.

Aus diesem Stimmungswandel erwuchs aber dem Regime kaum Gefahr. Er ging nicht mit Veränderungen von Verhaltens-

---

37 Deutschland-Berichte der SOPADE. Ihre Autoren und Lieferanten waren Sozialdemokraten. Deren Nachrichten gelangten illegal zu der in Paris befindlichen Zentrale der Partei. Sie gründeten sich auf persönliche Erfahrungen, auf Diskussionen in Arbeitsstätten oder auf gesuchte oder zufällige Gespräche. Das Interesse dieser Berichterstatter richtete sich vorzugsweise auf Nazis und Kommunisten.

weisen einher. Für die antifaschistische Arbeit sei mit ihm nichts gewonnen, besagten Urteile sozialdemokratischer Informanten. Die Angst vor dem Verlust des Arbeitsplatzes oder vor Schlimmerem verschließe einem Teil der Arbeiter den Mund. Auch greife Gewöhnung an die veränderten Lebens- und Arbeitsbedingungen um sich. Wenn von Wandel gesprochen werde, wüssten die einen nicht, woher er kommen könne, andere wären sicher, dass sie selbst ihn nicht herbeiführen könnten. Das gebar die unterschiedlichsten Vorstellungen, wie er womöglich dennoch eintreten würde. Das jetzige Regime könnte durch eine Militärdiktatur der Reichswehr, durch ein Regime irgendwelcher Reaktionäre oder aus Kreisen der Wirtschaft abgelöst werden.

Die Machthaber reagierten auf diesen Stimmungsumschwung mit einer Kampagne, die Kritikern gleichsam das Maul verbieten sollte. Sie erhielt das Etikett »gegen Meckerer und Miesmacher«. Propagandaminister Goebbels eröffnete die deutschlandweit angelegte Aktion am 11. Mai 1934 mit einer Rede im Berliner Sportpalast.[38] Er drohte Kritikern, sie, die angeblichen Nichtstuer, sollten »uns«, die Machthaber und deren Gefolgschaft, den aufbauenden Teil der Gesellschaft, nun kennen lernen. Teilnahme und Interesse an der ideologischen Offensive waren offenkundig nicht groß. Das hatte seine Ursache zu einem Teil wohl im veränderten Zustand in der organisierten Nazigefolgschaft.

Die Missstimmung hatte auch Mitglieder der faschistischen Bewegung ergriffen, namentlich in der SA organisierte. Viele waren der Meinung, sie seien für ihre ihnen wiederholt wortreich bescheinigten Verdienste nicht genügend belohnt worden. Das stellte für die Machthaber ein durchaus gefahrenträchtiges Phänomen dar. Denn diese Unzufriedenheit war organisiert und teils bewaffnet. Die Führung der Partei hatte diesen Konflikt kommen sehen und unter anderem dadurch dämpfen wollen, dass sie vor Ort auf Unternehmer Druck ausübte, damit sie bei Neueinstellungen diese Verdienten bevorzugten. Andere SA-Männer hatten

38 Text in: Völkischer Beobachter, 12. Mai 1934 (Berliner Ausgabe) u. Deutsche Geschichte 1933–1935, S. 80 f.

sich aber nicht nur einen Arbeitsplatz vorgestellt, sondern ihren individuellen gesellschaftlichen Aufstieg. Sie hatten den nicht erreicht, wohl aber eine erhebliche Zahl von Bonzen. Wenn diese Unzufriedenheit mit jener in Führerkreisen der SA anzutreffenden zusammenkam, die dort ihre Quelle in der unbefriedigenden Stellung hatte, die der SA und damit ihnen im »nationalsozialistischen« Reich eingeräumt worden war, dann konnte das Regime erschüttert und gefährdet werden. Es genügte, dass ein Führerkreis um den SA-Stabschef Ernst Röhm hartnäckig die Auffassung vertrat, die Revolution sei nicht beendet, um Hitler am 30. Juni 1934 zu jenem terroristischen Schlag zu bewegen, der als Bartholomäusnacht der Faschisten bezeichnet wurde. Röhm, Hitlers einziger Duzfreund, mit ihm eine Gruppe seiner Führer, dazu weitere tatsächliche Gegner oder als solche nur Verdächtigte wurden von Kommandos der SS umgebracht, insgesamt etwa 100 Personen. Sie hätten gegen das Regime einen Putsch geplant. Das war eine nackte Erfindung. Sie lieferte jedoch die Rechtfertigung für das Blutbad. Die Morde wurden als Akt der Staatsnotwehr und für rechtens erklärt. Die General-. und Staatsanwälte wies Göring an, einzig die Identität der Leichen festzustellen, also zu ermitteln, dass die Toten wirklich diejenigen seien, die ermordet werden sollten. Jede weitere Untersuchung hatten sie zu unterlassen.[39] Die Propaganda schrieb die Mörderei Hitler als hohes Verdienst zu. Der betrachtete die Etablierung der Diktatur als abgeschlossen. Seine Aussage vom März 1933 widerrufend, erklärte er in seiner Schlussrede auf dem NSDAP-Parteitag im September 1934, dass die Partei ihren Platz in aller zukünftigen Geschichte nicht räumen werde. Dem »Dritten Reich« hatte Hitler schon in einer Rede am 1. September 1933 eine tausendjährige Dauer prophezeit.

Die Aktion des 30. Juni besaß keinen Vorgänger in der deutschen Geschichte. Sie machte klar, dass diese Machtgruppe ihre Stellungen, wenn sie ihr auch nur gefährdet schienen, mit allen

39 Rede Hermann Görings vor General- und Oberstaatsanwälten Preußens am 12. Juli 1934. In: Deutsche Geschichte 1933–1935, S. 87 f.

Mitteln und unbekümmert um Gesetz und Recht verteidigen werde. Was geschehen war, erzeugte im Volke keine Welle des Abscheus. Dass dieses Regime Macht im einen Falle auf dem Wege diktatorisch erlassener Gesetze ausübte, im anderen unverhohlen blutig und mörderisch, war eine 1933 vielfach gemachte Erfahrung. Nicht die Methode war neu und erschreckend. Neu war, dass ihre Opfer nun Personen geworden waren, die bis dahin als Gefolgsleute Hitlers gegolten und Kommandierende oder Büttel im Terrorapparat gewesen waren.

Die Aufnahme der Nachricht von den Morden wurde auch dadurch beeinflusst, dass die SA auch in den Augen vieler, die inzwischen folgsame »Volksgenossen« geworden waren, kein besonderes Ansehen genoss. Die einen störte der Geruch von Plebejertum, den sie ausstrahlte. Anderen traten ihre Führer und Mitglieder zu herrisch und anmaßend auf. Nun, da diese Sturmabteilungen als von Verrätern geführt dastanden, veränderte sich augenblicklich deren Ansehen und Platz in der Hierarchie der Diktatur. Platz wurde frei für den Aufstieg von Himmlers SS, die die Mörder gestellt hatte.

Zudem gab es weitere Nutznießer dieses 30. Juni. Das war in erster Linie das Generals- und Offizierskorps der Reichswehr. Nun hatte die Tat bestätigt, dass seine Stellung als alleiniger Waffenträger konkurrenzlos bleiben würde. Diesen Gewinn wog der Nachteil nicht auf, dass sich die Elite der Reichswehr damit abfand, dass Hitlers schwarze Garde selbst zwei der ihren umgebracht hatte. Unter den Ermordeten befanden sich General Kurt von Schleicher und Generalmajor Kurt von Bredow, einstiger Chef im Ministeramt des Reichswehrministeriums und Stellvertreter Schleichers. Damit war den Militärs bedeutet, dass sie im Konfliktfall auf bevorzugte Behandlung nicht zu rechnen hatten.

Die Sturmabteilungen erhielten jetzt ihren vergleichsweise minderen Platz in der Gesellschaft. Um deren Gestaltung hatten sich die SA-Männer wie jedes Parteimitglied nicht zu kümmern. Sie hatten an Wochenenden zum Dienst anzutreten, um militärisch gedrillt und ideologisch geschult zu werden. Sie wurden herbei befohlen, um mit Aufmärschen und Paraden bei Demonstrationen und Kundgebungen Macht und Geschlossenheit. des Regimes zur Schau zu stellen. Sie hatten bei Geldsammlungen auf Straßen und Plätzen Sammelbüchsen zu schwingen und den Bürgen »kleine Spenden« abzufordern. Sie stellten das Absperrpersonal, wenn in einer Stadt eine Parteigröße auftauchte und eine gaffende Menge sich an den Straßenrändern drängte. In einigen Fällen wurden sie 1935 und 1938 auch zum Zwecke öffentlich geübten Terrors eingesetzt – gegen die Juden.

In Kreisen der Antifaschisten und Hitlergegner wurden Überlegungen sowohl über die momentanen wie über die langfristigen Wirkungen des 30. Juni angestellt und an das Ereignis mancherlei Hoffnungen geknüpft. In einem sozialdemokratischen Bericht wurde festgestellt, dass die »Popularität Hitlers bei der großen Masse kaum gelitten hat«[40] und er von vielen sogar als derjenige angesehen wird, der für die Sauberkeit seiner Bewegung sorge. Begründet widersprachen andere Beobachter der Bewertung des Tages als »eine Art Thermidor der nationalsozialistischen Herrschaft«; also als Wendepunkt, von dem aus es mit ihr abwärts gehen werde. Es sei der Tag kein »Vorläufer des baldigen Endes«, sondern eher ein »ungeheuerlicher Schritt zu seiner vorübergehenden Festigung«.[41] Dem sollten freilich weitere folgen.

Für die weitere Festigung des Regimes bis zur Jahreswende 1934/35 wurde ausschlaggebend, dass es im Verlauf dieses Jahres zu einer einschneidenden Reduzierung der Arbeitslosigkeit kam. Während 1933 gegenüber 1932 die Zahl der Erwerbslosen nur geringfügig gesunken war, verringerte sie sich 1934 gegenüber 1933 von 25,9 auf 13,5 Prozent der so genannten abhängigen Erwerbspersonen oder in absoluten Zahlen von 4,8 auf 2,7 Millionen. Diese Entwicklung war durch eine Vielzahl staatlicher Zwangsmaßnahmen zustande gekommen. Nur ein Teil der in die Berufstätigkeit Zurückkehrenden wurde entsprechend seiner

---

40 Deutschland-Bericht der SOPADE, 1. Jg. Nr. 3, Juni/Juli 1934, Prag, 1. Juli 1934, S. 249 u. 197.

41 Bericht über die Lage in Deutschland, Nr. 8. Juni/Juli 1934. In: Neu Beginnen, S. 169 u. 171.

Qualifikation beschäftigt, und von diesen wiederum war nur ein Prozentsatz an ihre einstigen Arbeitsplätze zurückgekommen. Zu denen gehörten Facharbeiter, die Staatsaufträge erfüllten, von denen sich bald der Großteil auf die Aufrüstung der Reichswehr richtete. Die Ausgaben für das Militär hatten 1933 noch 23 Prozent der öffentlichen Investitionen betragen, sich 1934 aber mehr als verdoppelt und machten nun 49 Prozent aus. Sie waren in Reichsmark von 720 auf 3.300 Millionen gestiegen. Zu den wieder auf Arbeitsplätze Gelangten, gehörten Bauarbeiter; die beim Kasernenbau, der Errichtung und Erweiterung von Flugplätzen und auch bei privaten Investitionen beschäftigt wurden, die – wie der Bau der Flugzeugwerke von Dornier in Wismar – in sicherer Erwartung künftiger Staatsaufträge ausgeführt wurden.

Zu den Methoden, die Arbeitslosenzahl zu reduzieren, gehörte eine ganze Skala von Maßnahmen. Die einen wurden bei Androhung des Verlustes der Unterstützung gezwungen, sich auf dem Lande zu verdingen. Dorthin wurden auch Absolventen der Volksschulen, Mädchen wie Jungen, als so genannte Landhelfer gewiesen. Sie lebten in Lagern. In der Landwirtschaft arbeiteten Angehörige des angewachsenen, schon in der Republik ins Leben gerufenen Freiwilligen Arbeitsdiensts (FAD – die Teilnahme daran war nicht so freiwillig, wie der Name suggerierte, denn die Verweigerung war mit empfindlichen Leistungskürzungen verbunden). War er absolviert, schloss sich daran neuerdings eine kurzfristige militärische Ausbildung.

Für alle freiwillig oder gezwungen in Arbeitsprozesse Eintretende galt, dass sie in eine veränderte Arbeitswelt kamen, in Unternehmen ohne Betriebsräte, aber mit Betriebsführern und ohne Gewerkschaftsorganisationen. Die gekürzten Löhne wurden ihnen diktiert und namentlich die den verschiedenen Kategorien der Landarbeiter gezahlten waren schändlich. Um so mehr mag verwundern, dass dieser Prozess wenig Gegenwehr, deren Möglichkeiten ohnehin gering waren, auslöste. Dazu trug bei, dass, wer einen Arbeitsplatz erhalten hatte, häufig hoffte, dass dies der Beginn eines Weges in ein besseres materielles Leben sein werde. Der Lohnstopp-Politik der Faschisten kam zugute, dass die kapitalistische Krise massenhaft dazu erzogen hatte, irgendwie zu überleben, und die Ansprüche vieler aufs äußerste reduziert waren. Dazu gab die Propaganda die Devise aus, erst müssten alle Arbeit erhalten, dann könnten und würden die Löhne erhöht werden. Die verlogene Forderung nach Solidarität wurde von einer Erhebung der Arbeit zur nationalen Tat begleitet. Es käme, wurde der Jugend beigebracht, auf das Dienen, nicht auf das Verdienen an.

Doch in dem Maß, wie Beschäftigung und Produktivität zunahmen, machten sich selbst um ihre Akzeptanz bemühte Funktionäre der DAF zu Sprechern einer Lockerung der Lohnstarre. Für sie sprach sich auch der Reichsarbeitsminister Franz Seldte in einer Chefbesprechung am 2. Mai 1935 aus.[42] Er stieß sofort auf den Widerspruch des Reichswirtschaftsministers Schacht. Ihm traten der Reichswehr-, der Verkehrs-, der Innen- und der Finanzminister und auch der Stellvertreter des Führers Rudolf Hess bei. Sie stimmten laut Protokoll überein, dass »der Preisgestaltung, der Aufrüstung und dem Export … alles andere untergeordnet werden« müsse. Vor welchem realen Hintergrund sich diese »Nationalsozialisten« so entschieden, lässt sich aus einem Brief des Regierungspräsidenten in Münster an Schacht vom 21. Oktober 1935 über die Lage von Textilarbeitern[43] ablesen, an dessen Ende es heißt: »Die Arbeiterschaft sieht vor allem dem kommenden Winter sorgenvoll entgegen … Heute ist eine Ersatzbeschaffung für die Arbeiterschaft in Wäsche und Kleidung zum Teil unmöglich Außerdem ist die Arbeiterschaft nicht in der Lage, sich Wintervorräte an Kartoffeln und Kohlen hinzulegen.«

Zu den Ereignissen, die an der Jahreswende 1934/35 zur weiteren Machtstabilisierung beitrugen, gehörte die herannahende Abstimmung der Saarländer über die Zukunft ihres Territoriums. Das war durch den Versailler Vertrag für 15 Jahre als Mandat des Völkerbunds unter faktische französische Oberhoheit gelangt. Nun konnten seine Bewohner darüber entscheiden, ob der An-

---

42 Niederschrift über eine Chefbesprechung am 2. Mai 1935 über die Lohnpolitik. In: Deutsche Geschichte 1933–1935, S. 107 f.

43 Deutsche Geschichte 1933–1935, S. 123 f.

schluss das Reich erfolgen sollte oder ob sie unter dem Schirm des Völkerbundes weiterleben wollten. Die dritte Option, die Verwandlung in ein Departement Frankreichs war möglich, aber ohne jede Erfolgsaussicht. Die für den 15. Januar 1935 festgesetzte Abstimmung gab den Machthabern die Gelegenheit, obwohl ihnen das Ereignis gleichsam in den Schoß fiel, mit einem weiteren Erfolg ihres »Kampfes gegen Versailles« zu prunken. Eine aufwändige Propagandakampagne betrieb die nationale Aufpulverung aller Volksgenossen, derer im Saarland wie im ganzen Reichsgebiet. »Deutsche Mutter, heim zu Dir« und saarländisch »Nix wie hemm« lauteten die Parolen der Kampagne, getragen von einem Zusammenschluss der NSDAP und aller anderen bürgerlichen Partei in der Deutschen Front. 90 Prozent der 540.000 an der Wahl teilnehmenden Saarländer stimmten für den Anschluss. Sie ermöglichten mit ihrem Votum den ersten Schritt in die allgemeine Richtung Großdeutsches Reich. Dagegen hatten die Verfechter einer Verlegung der Abstimmung auf die Zeit nach dem Ende der faschistischen Diktatur keine Chance besessen. Deprimierend konnte freilich wirken, wie viele einstige Wähler von KPD und SPD, die sich gemeinsam mit einer Kleingruppe bürgerlicher Gegner dem Anschluss zu widersetzen suchten, zur Front der Nationalisten übergelaufen waren. Denkwürdig blieb dennoch, dass die beiden so lange verfeindeten Arbeiterparteien in dieser Kampagne das Kriegsbeil begraben und zu gemeinsamen Absprachen, Plänen und Kundgebungen gefunden hatten, ein Schritt, dem freilich in der Illegalität und im Exil nur wenige folgten. Die Übernahme der Staatsmacht durch die Faschisten im März 1935 zwang mit den einheimischen Nazigegnern auch die Emigranten aus dem Reich zur Flucht. Für diese begann das zweite Exil.

Der Anschluss des Saargebiets an das Reich war nach diesem Ergebnis nicht die Implantation eines Fremdkörpers, wiewohl die Bevölkerung zwei Jahre lang durch eine nicht zensierte Presse davon unterrichtet worden war, was im Reich geschah und verbrochen wurde. Tausende feierten den »Führer«, als er am 1. März in Saarbrücken einzog. Mit dem saarländischen Bergbau und seiner

Eisen- und Stahlindustrie erhielt das Reich eine weitere leistungsfähige Basis seiner Rüstungswirtschaft. Spätestens jetzt, zwei Jahre nach der Errichtung der faschistischen Diktatur, die mit der Billigung der – wenn anfangs auch nur knappen – Mehrheit der Bevölkerung etabliert und gefestigt war, standen die europäischen Mächte vor der 1933 aufgeschobenen Antwort auf die Frage, ob und wie sie mit diesem Nachbarn zusammenleben wollten. Der beschloss zwei Monate nach dem Anschluss des Saargebiets die Einführung der allgemeinen Wehrpflicht, und auch das billigte ein erheblicher Teil der »Volksgenossen« als Wiedergewinn nationaler Selbstachtung und Größe, als »überwältigenden Abschluss einer unrühmlichen Vergangenheit.«. Hitler erschien vielen als ein »Kerl«, der sich traute zu tun, was seine Vorgänger in der Republik nie gewagt hätten. Die momentane Stimmung erinnerte manche an die des 1. August 1914. Danach begannen die Berechnungen vieler über die eigenen Vor- oder Nachteile, die ihnen das Gesetz[44] brachte.[45]

4.
»Volk ans Gewehr«

Als 1933 die deutschen Faschisten, wie es in der offiziellen Geschichtsdeutung hieß, »die Macht ergriffen«, war Deutschlands ein weitgehend demilitarisiertes Land. Die Versailler Vertragsmächte hatten ihm die militärische Ausbildung des männlichen Bevölkerungsteils auf der Grundlage der allgemeinen Wehrpflicht verboten, der Republik jedoch die Bildung einer aus 100.000 Mann bestehenden Berufsarmee zugestanden, dazu eine Kriegsflotte, die 15.000 Mann umfassen durfte. Der Besitz einer Luftwaffe war dem Reich ebenso untersagt worden wie der einer Reihe schwerer Waffen, darunter Panzer. Mit dieser Streitmacht, der Reichswehr und Reichsmarine, war Deutschland zwar bürgerkriegs-, aber we-

44 Reichsgesetzblatt, 1935, Teil I, Nr. 28, S. 375.

45 Bericht über die Lage in Deutschland, Nr. 13, April 1935. In: Neu beginnen, S. 429 u. SOPADE-Beichte, 11935, S. 409.

der angriffs-, das war beabsichtigt, noch verteidigungsfähig und für niemanden ein ernst zunehmender Partner in einem Militärbündnis. Es wurde aber auch von keinem Staat bedroht.

Die Regierungen der Weimarer Republik hatten sich mit diesem Zustand abgefunden und die auferlegten Beschränkungen im Ganzen geachtet. Das bedeutete nicht, dass das Land auch geistig und mental demilitarisiert worden wäre. Vereine und Verbände pflegten den Geist des Militarismus und die Erinnerung an Schlachten und »Helden« des Weltkrieges und verbreiteten die Lüge von der Kriegsunschuld des Kaiserreichs und der Vaterlandsverteidigung. Das tat die an Mitgliedern größte Traditionsorganisation, der »Stahlhelmbund der Frontsoldaten«, und ebenso der Sonderbund jüdischer Frontsoldaten, der als Antwort auf den unter den einstigen Kriegskameraden herrschenden Antisemitismus gebildet worden war. Nicht anders viele Spezialorganisationen, darunter exklusive Offiziersbünde. Gemeinsam stellten sie das ordengeschmückte, häufig in ihren kaiserlichen Uniformen auftretende Personal für Demonstrationen und Kundgebungen. Auf dem Buchmarkt wurde eine ständig durch Neuerscheinungen vermehrte Kriegsliteratur verschiedenster Genres angeboten. Von ihr wandte sich ein erheblicher Teil an die Jugend.

Seit 1925 Paul von Hindenburg zum Staatsoberhaupt der Republik gewählt worden war, hatte sich die Schönfärbung des Weltkrieges noch verstärkt. 1927 wurde am einzigen Ort, genauer in dessen Nähe, an dem auf deutschem Boden während der vier Kriegsjahre eine Schlacht stattfand und die zudem vom Kaiserheer gewonnen wurde, im ostpreußischen Tannenberg, ein riesiges Denkmal in der Form einer Trutzburg eingeweiht. Jedes deutsche Dorf legte sich meist in der Nachbarschaft seiner Kirche oder auf dem Friedhof ein Kriegerdenkmal zu, mit dem »der Helden«, »unserer Helden«, »unserer toten Helden«, »unserer Gefallenen« usw. gedacht wurde. Deutschlands Straßen erhielten Namen von Weltkriegsteilnehmern, deren Taten besonders verklärt worden waren, vorzugsweise von Jagdfliegern und Kommandanten von Kriegsschiffen. Mehrfach wurden sie auch nach Schlachtorten benannt. Dieses Nachkriegsdeutschland war kein antimilitaristisches Land. Zu keinem Zeitpunkt gewannen in der Republik jene Kräfte die Vormacht, die sich für eine kritische Durcharbeitung der jüngsten Geschichte Deutschlands einsetzten.

Die gab es freilich in Politik, Literatur und Kunst. Und sie konnten sich auf einen erheblichen Teil des Volkes stützen. Als es 1928 zu einer reichsweiten Auseinandersetzung über den zum Ersatzbau deklarierten Bau eines Schlachtschiffes kam, wurde darüber ein Volksbegehren erzwungen. Jedoch schlug sich die Sozialdemokratie auf die Seite der Rüstungsbefürworter. Die einzig dafür eintretende Partei, die kommunistische, konnte gegen das Vorhaben nicht mehr als 1,2 Millionen Stimmen mobilisieren. Das war ein böses Omen. In Deutschland gab es zehn Jahre nach Kriegsende zwar viele unterschiedlich motivierte Pazifisten, aber keinen kampfstarken Zusammenschluss der Antimilitaristen. Bezeichnend für die politische Haltung von Staatsapparat und namentlich der Justiz war der Prozess gegen den Herausgeber der Zeitschrift »Die Weltbühne«, Carl von Ossietzky, der einen Artikel drucken ließ, in dem der geheime Aufbau einer Luftwaffe und das Zusammenspiel von Reichswehr und Luftfahrtindustrie enthüllt worden waren.

Bald nach Kriegsende war auch in Deutschland begonnen worden, die während der vier Jahre gesammelten Erfahrungen auszuwerten. Das geschah auf verschiedenen Ebenen. Befasst waren damit selbstredend die Reichswehr, deren Generale und Offiziere Kriegsteilnehmer und ungeachtet des aussichtslosen Kämpfens und Sterbens ihrer Soldaten Durchhaltekrieger gewesen waren. Mit diesen Arbeiten befasste sich früh schon der unter der tarnenden Bezeichnung Truppenamt tätige De-facto-Generalstab. Eine andere Verwertung von Kriegserfahrungen erfolgte in deutschen Industrieunternehmen, die Lieferanten von Heer und Flotte gewesen waren. Einigen von ihnen war laut Friedensvertrag die Produktion von Waffen und anderem Kriegsgerät für den Reichswehrbedarf gestattet worden. Darauf beschränkten sie sich nicht. In ihren Labors wurde über Entwicklungen von moderneren Mordwerkzeugen und deren Zubehör geforscht. Die Produktion von Waffen und Kriegsgerät, so sie dem Verbot unterlagen, wurde der ohnehin bald nachlässig gehandhabten alliierten Kontrolle dadurch entzogen, dass deutsche Firmen, beispielsweise der Zeiss-Konzern in Jena, Betriebe außerhalb Deutschlands errichteten, so in den am Krieg und also an den Friedensregelungen unbeteiligten Niederlanden.

Was auf diesen Feldern geschehen war, erwies sich 1933 als Vorleistung für die Hitler-Regierung. Sie begann ihr Aufrüstungsprogramm nicht am Punkte Null. Rigoroser als ihre Vorgänger setzte sie sich über die militärischen Bestimmungen des Vertrages von 1919 hinweg, Das trug ihr und namentlich dem »Führer« in Person, mochten die adligen Herren mit den Generalsbiesen auch lieber einen der ihren an der Regierungsspitze gesehen haben, augenblicklich die Sympathien der Reichswehrgeneralität ein. Hitler konnte am 3. Februar 1933 ohne Herzklopfen in der Privatwohnung des Chefs der Heeresleitung Kurt von Hammerstein-Equord erscheinen, um sich dort einem kleinen Kreis führender Militärs vorzustellen. Er erläuterte ihnen jenen Teil seines Programms, über den es in der Öffentlichkeit aus inneren und vor allem aus äußeren Rücksichten zu schweigen galt. Denn was getan werden sollte, musste besonders in der Anfangsphase ohne jeden Lärm getan werden.

Von Hitlers Rede, die im vollen Wortlaut nicht überliefert ist, existieren zwei Berichte. Der eine in Form von Notizen eines Teilnehmers, des Generals Curt Liebmann[46], der andere als Inhaltsangabe, die eine unvorgesehene Zuhörerin, eine Tochter des Hausherren, angefertigt hatte.[47] Die geriet auf einem Wege über die deutsche Kommunistische Partei nach Moskau und zu Stalin, von dem wir nicht wissen, was er aufgrund dieses verlässlichen Papiers veranlasste. Es gibt keine zweite Rede aus dieser Frühzeit der Diktatur, in der Hitler seine innen- und außenpolitischen Pläne so unverhohlen und in derart rücksichtslos brutalen Worten

46 Deutsche Geschichte 1933–1935, S. 23 f.

47 Reinhard Müller, Hitlers Rede vor der Reichswehrführung 1933. Eine neue Moskauer Überlieferung. In: Mittelweg 36 19/2001, H. 1, S. 73-90.

ausgedrückt hätte wie die an jenem Abend gehaltene. So ist sie zugleich Indiz dafür, welches Bild er vom politischen, geistigen und moralischen Zuschnitt seiner Zuhörerschaft besaß. Jedenfalls hat dieser Auftritt keinen Teilnehmer veranlasst, in den folgenden Wochen und Monaten um seine Entlassung zu bitten, weil er zu diesem Programm, dessen Verwirklichung in den zweiten Weltkrieg führen musste, die Hand nicht reichen wollte.

Hitler hatte den Anwesenden angekündigt, dass er ihnen den Weg zu weiteren und steileren Karrieren in der Hierarchie des Militärwesens ebnen, ihr Ansehen in der Gesellschaft steigern und ihnen Chancen verschaffen werde, Ruhm zu erwerben und Helden zu werden. Ihnen war zudem die einzige Befürchtung genommen worden, die sie beim Blick auf das NSDAP-Führerkorps haben konnten. In ihm gab es eine erhebliche Zahl von Offizieren und Konkurrenzgelüste, welche die Monopolstellung der Generalität bedrohen konnten. Nein, wurde ihnen versichert, der italienische Weg der Verknüpfung von Streitkräften mit den militärischen Formationen der faschistischen Bewegung wäre der deutsche nicht. Zwischen den Feldgrauen und den Nazibraunen werde eine klare Arbeitsteilung hergestellt werden. Jene hätten den Krieg vorzubereiten, diese würden die »Probleme im Innern« lösen. Das konnten sich die Zuhörer so übersetzen, dass sie für die politische und terroristische Schmutzarbeit der Machtaufrichtung nicht gebraucht würden. Deren Ziel bezeichnete Hitler unmissverständlich: Beseitigung der Demokratie und Installation der straffsten autoritären Staatsführung. Nicht allein Organisationen, auch Gesinnungen, die dem entgegenstünden, würden unterdrückt werden.

Die zu lösende Aufgabe, betonte Hitler mehrfach, bestehe nicht nur in der Vergrößerung der Streitmacht und deren Bewaffnung. Da als Folge der Weltkriegserlebnisse in weiten Volkskreisen kein Willen zum Kriege und seiner Vorbereitung existiere, müsse der »Wehrwille« erst wieder geweckt werden. Das setze voraus, Pazifisten, Marxisten und Bolschewisten zum Schweigen zu bringen. Landes- und Volksverräter hätten die Todesstrafe zu erwarten.

Und wenn die Wehrmacht kriegsfähig sei? Dann würde sie eingesetzt werden, um dem Volke Lebensraum zu erkämpfen. Denn was immer bis dahin durch angestrengte Arbeit auch geleistet werden könne, es würden das sämtlich nur Aushilfen sein. Zu Wohlstand hingegen lasse sich allein durch die Eroberung fremder Ländereien gelangen. Wo die lägen, darauf legte sich Hitler nicht fest. Doch ließ er seine Bevorzugung solcher »im Osten« erkennen. Wären die erobert, sollten sie der »rücksichtslosen Germanisierung« verfallen, was die Vertreibung von Millionen ihrer Bewohner voraussetzte. Auf dem Wege dahin, damit schloss die Rede, werde man Gefahren begegnen. Die seien nicht im Innern, doch von außen und insbesondere von Frankreich zu erwarten. Es werde sich dann zeigen, ob das Nachbarland, notierte Liebmann, »Staatsmänner hat«. Hitler hatte den Generalen bei dieser seiner Erstaufführung den Plan für ein politisches und Kriegsverbrechen referiert. Einwände waren dagegen nicht erhoben worden.

Während die Militärs daran gingen, die Vorbereitung für den Übergang zu einem Massenheer zu treffen, befassten sich die Regierung, deren Apparate und die Formationen der NSDAP mit der Militarisierung der deutschen Gesellschaft. Die Partei besaß schon vor 1933 neben der SA und SS weitere Organisationen, die ihre Mitglieder militärisch oder vormilitärisch ausbildeten und sie in der Handhabung von Kriegs- oder kriegstauglichem Gerät schulten. Dazu gehörten Motor- und Fliegerstürme der SA, aus denen als der NSDAP angegliederte Formationen das Nationalsozialistische Kraftfahrerkorps (NSKK) und das Nationalsozialistische Fliegerkorps (NSFK) hervorgingen. Sie gewannen neue Mitglieder auch aus den Angehörigen der in der Republik existierenden, jedoch aufgelösten Bünde. Manchen von ihnen erschien der Anschluss an eine dieser NS-Organisationen als geeigneter Schritt, dem Regime Loyalität zu bekunden, aber den Parteieintritt zu umgehen.

Zu den frühen, mit dem Blick auf den Bombenkrieg geschaffenen Neugründungen gehörte der am 29 April 1933 von Göring ins Leben gerufene Reichsluftschutzbund (RLB), den er sich in seiner Eigenschaft als Chef des neu gebildeten Reichsluftfahrtministeriums unterstellte. Der RLB entwickelte sich zur mitgliederstärksten Organisation nach der Deutschen Arbeitsfront. Er erfasste vor Kriegsbeginn 15 Millionen Mitglieder, von denen jedoch nur ein Teil an Schulungen und Übungen (Einrichtung von Luftschutzräumen, Entrümpelung von Dachböden, Löschung von Bränden, Versorgung von Brand- und anderen Wunden) teilnahm. Die Mehrheit gehörte zur Beitrag zahlenden Masse.

Das Hauptaugenmerk galt in diesem Prozess der Militarisierung der Gesellschaft aber den Heranwachsenden. Das Instrument, sie zu erreichen, war die 1926 gegründete faschistische Jugendorganisation, die Hitlerjugend (HJ). An deren Spitze stand seit 1931 mit Baldur von Schirach, ein früher Gefolgsmann Hitlers, der zum Reichsjugendführer ernannt wurde. Doch blieb der Zustrom in deren Reihen, sie zählte 1933 wenig mehr als 100.000 Mitglieder, offenkundig hinter den Wünschen der faschistischen Führung zurück. Und das, obwohl dem Wachstum durch Druck auf Studenten, die einen eigenen NS-Bund hatten, auf Schüler höherer Lehranstalten und auch auf deren Eltern nachgeholfen wurde. Anfänglich sammelten sich mehr Jugendliche noch in Gruppen der christlichen Kirchen. Deren Jugendbünde wurden zwar wie alle sonstigen Zusammenschlüsse aus Republikzeit verboten. Doch die direkte Jugendarbeit der Pfarrer und deren Helfer in Gemeindehäusern ließ sich aus Rücksichten auf die Beziehungen des Staates zur Kirche nicht unterbinden. Die Kirchen verfügten zudem über ein befähigtes pädagogisches Personal. Sie machten ein geistiges und unterhaltendes Angebot, mit dem das der HJ-Führer nicht konkurrieren konnte. Doch auf die Dauer tat der staatliche Druck seine Wirkung. Er erreichte seinen Höhepunkt am 25. März 1939 in einer Verordnung, die alle Jungen und Mädchen vom 10. bis zum 18. Lebensjahr in die Hitlerjugend zwang. Davor rettete, wie im Fall der Wehrpflicht, nur noch ein ärztliches Attest über eine schwerwiegende Behinderung. Wer als Erziehungsberechtigter Verpflichtete vom Dienst abzuhalten suchte, wurde mit Geld- und Gefängnisstrafe bedroht. Jugendliche, die sich aus eigenem Entschluss verweigerten, konnten von der örtlichen Polizei zwangsvorgeführt werden.

Der Dienst in der Hitlerjugend oder im Bund Deutscher Mädel (BDM), wie die seit 1930 existierende Organisation für die heranwachsenden Mädchen hieß, fand an zwei Nachmittagen der Woche, für Lehrlinge auch an Abenden statt. Häufig wurde an Sonntagen, zu Demonstrationen, Kundgebungen, Mitwirkung bei Geldsammlungen auf Straßen aufgerufen. Dieser HJ-Dienst war in Städten strikter organisiert als in abgelegenen dörflichen Gegenden, in denen es an geeigneten Führern mangelte und die saisonbedingte Landarbeit mit der »Erzeugungsschlacht« Vorrang hatte. Die geistlosen und eintönigen Nachmittage waren für den männlichen Teil der HJ mit vormilitärischen Übungen ausgefüllt, wie dem exakten Ausführen von Befehlen, dem Einhalten von Marschordnungen, dem Lesen von Geländekarten, dem Training von Ausdauer bei Märschen und mit Raufereien bei Kampfspielen. Während so genannter Heimabende erfolgte die ideologische Ausrichtung. Sie bestand zu einem erheblichen Teil im Lernen und Absingen martialischer, kriegerischer Liedtexte. Dazu gehörte der von Baldur von Schirach verfasste mit den Zeilen »Jugend kennt keine Gefahren«, »Wir sind der Zukunft Soldaten«, »Führer, wir gehören Dir« und die »Fahne führt uns in die Ewigkeit«. Zum Glauben und Gehorchen, nicht zum Denken und Prüfen wurden die Heranwachsenden erzogen, von denen am Vorabend des Krieges die HJ mehr als 8 Millionen erfasste. Ein beträchtlicher Teil von ihnen gehörte Spezialformationen an, die ihre Mitglieder auf besondere Rollen und Aufgaben in der Wehrmacht vorbereiteten. Sie wurden in der Nachrichtenübermittlung an Morsegeräten, im Segeln und Segelflug und im Sanitätswesen geschult. Wo Eltern oder andere Erwachsene dem geistigen Drill nicht entgegenwirkten, was nicht ungefährlich sein konnte, waren Mädchen und Jungen ihm und dem gleichgerichteten der Schulen hilflos ausgeliefert.

Es brauchte keines Tiefenblicks ins »Dritte Reich«, um zu erkennen, dass in ihm Millionen auf ihre Verwendung im Kriege vorbereitet wurden. Ähnliche, Personal und Kosten verbrauchenden Anstrengungen gab es im faschistischen Italien. Doch die zwischen ostpreußischen Haffs und Bodensee aufgewendeten waren von deutscher Gründlichkeit. Zudem stabilisierte diese Militarisierung das System zusätzlich. Jede dieser vormilitärischen Organisationen war nach dem Führerprinzip aufgebaut. Das bedeutete, dass mit ihrem Wachstum eine zunehmende Zahl ihrer Angehörigen zu Führern aufstieg, Rechte erhielt, Befehle erteilen lernte, Ansehen gewann, kurzum sich erhöht oder herausgehoben fühlte und sich zugleich zu besonderen Anstrengungen verpflichtet sah. Die Uniformierung mit Rang- und auch mit Ehren- und Verdienstzeichen, dazu die Grußpflicht taten ein Übriges.

Jedem ausländischen Beobachter, namentlich denen in den Nachbarländern Frankreich und Belgien, der Tschechoslowakei und Polen, konnte die Wahrnehmung jener Entwicklung nur Unbehagen erzeugen. In diesem Wissen begleiteten die deutschen Machthaber jeden Schritt hin zum Kriege mit Friedensbeteuerungen. Mit Polen wurde im Januar 1934 gar ein Nichtangriffsvertrag vereinbart.[48] Darauf ließ sich die Regierung des Nachbarlandes ein, obwohl ihr keinerlei Zusicherung über die definitive Respektierung der Grenzen gegeben wurde und Deutschlands Aufrüstung und der bevorstehende Schritt der Wiedereinführung der allgemeinen Wehrpflicht längst offene Geheimnisse waren. Der Neubau und die Wiederherrichtung älterer, ihrem ursprünglichen Zweck entfremdeter Kasernen ließen sich ebenso wenig verheimlichen wie die Tatsache, dass unausgesetzt mehr Industriearbeiter mit Aufträgen der Reichswehr beschäftigt wurden. Und am Himmel zeigten sich immer häufiger Flugzeuge, die nicht der Verkehrsfliegerei angehörten, sondern zum vorerst noch nicht einbekannten Bestand einer im Aufbau befindlichen Luftwaffe. Die Förderung von Investitionen in die synthetische Kautschuk-, Benzin- und Zellwolleproduktion verrieten nicht nur das Interesse an der Einsparung von Devisen, sondern auch die Orientierung auf Maßnahmen gegen die Folgen einer Seeblockade, die aus dem Weltkrieg gut bekannt und in übler Erinnerung waren.

Welche Chancen besaßen die Regierungen der Staaten, die sich von dieser Entwicklung bedroht sehen mussten, auf sie zu

48 Wortlaut: Handbuch der Verträge, S. 270 f.

reagieren? Die Möglichkeit, sie frühzeitig durch einen Präventivkrieg abzuwenden und Deutschland zu zwingen, den Friedensvertrag einzuhalten, existierte nur rechnerisch. Dafür waren Massen nicht zu mobilisieren. Namentlich in Frankteich lebte im Volke die Erinnerung an den keine zwei Jahrzehnte zurückliegenden Krieg und bildete die Quelle eines verbreiteten Pazifismus. Zudem existierten inzwischen in manchen Regierungen der Siegermächte von 1918 Zweifel, ob die Bestimmungen von Versailles, von imperialistischen Kalkülen diktiert, eigentlich den eigenen Interessen, wie gedacht, dauerhaft dienlich seien. Aktuell wirkungsvolle Mittel gegen die deutscherseits Zug um Zug erfolgende Missachtung der Vertragsbestimmungen standen den seinerzeitigen Alliierten nicht zur Verfügung. Papierne Proteste bezeugten nur die Ohnmacht der einst Mächtigen.

Im Grunde war einzig eine Antwort denkbar, mit der den deutschen Plänen und ihrer Verwirklichung entgegen gewirkt werden konnte. Es musste ein abschreckendes, mindestens ebenbürtiges, besser aber überlegenes Potential an militärischen Abwehrkräften geschaffen werden. Daran mochte Hitler gedacht haben, als er den Reichswehrgeneralen sagte, es werde sich zeigen, ob Frankreich »Staatsmänner« besitze. Im Februar 1934 hatte das Nachbarland im Westen einen Mann dieses Formats bekommen. Louis Barthou, 72-jährig, übernahm das Amt des Außenministers. Doch nur für eine kurze Frist, denn noch im gleichen Jahr wurde er Opfer eines Attentats. Mit seinem Namen verbindet sich der Versuch, sein Land vor diesem sich aufrüstenden Deutschland zu schützen, das diplomatisch-politisch isoliert werden sollte. Dem Plan kam entgegen, dass die Sowjetunion ihre Europapolitik änderte und ihrerseits Verbindungen mit nicht aggressiven Staaten im Westen des Kontinents anzubahnen suchte. Zu Jahresanfang 1934 schloss sie zunächst Handelsverträge mit Frankreich und Großbritannien.

Barthou strebte als Ideallösung eine »Ostpakt« genannte Koalition an, zu der die Sowjetunion, Frankreich selbst sowie dessen Verbündeter, die Tschechoslowakei, und auch Polen und Rumänien gehören sollten. Diese beiden verweigerten sich jedoch jedem Zusammengehen mit der UdSSR. Zudem stieß Barthou auf Widerstand der strikt antikommunistischen Kräfte seines eigenen Landes, die, was immer sie glauben und hoffen mochten, mit ihrer Haltung objektiv Deutschland begünstigten. Denn dessen Machthaber sahen für ihre Pläne keine bedrohlichere Situation entstehen als ein Bündnis Paris-Moskau. So schrumpften Barthous Pläne unter dessen Nachfolger im Mai 1935 auf eine Dreimächteverbindung Frankreich–UdSSR–Tschechoslowakei zusammen, die sich zu gegenseitigem Beistand verpflichteten, sollten sie Opfer einer Aggression werden.[49] Die deutschen Machthaber benötigten keinen Nachhilfeunterricht, um zu verstehen, was sich da türmen konnte. Sie wiesen ihre Presse an, über einen erneuten Einkreisungsversuch, den es angeblich schon 1914 gegeben habe, zu zetern.

Indessen machten die diplomatischen Entwicklungen im Frühjahr 1935 deutlich, dass die beiden Großmächte im Westen des Kontinents verschiedene Wege ihrer Deutschlandpolitik eingeschlagen hatten. Während in Paris noch Kräfte die Politik bestimmten, die den deutschen Militaristen die Trauben so hoch wie möglich hängen wollten, verlegten sich die in London bereits auf den Weg der Zugeständnisse, der 1938 schließlich nach München führte. Am 18. Juni 1935 vereinbarten Deutschland und Großbritannien, ohne dass die Regierung in der Downing Street sich mit ihren einstigen Vertragspartnern auch nur verständigt hätte, ein Abkommen[50], das wesentliche Bestimmungen des Versailler Vertrages zugunsten Deutschlands annullierte. Dem Reich wurde ein Verhältnis seiner Kriegsflotte zur britischen von 35 zu 100 zugestanden und eine Unterseebootflottille im Umfang der britischen. Damit durfte Deutschland Überwasserstreitkräfte in

---

49 Beistandspakt zwischen Frankreich und der UdSSR vom 2. Mai 1935. Wortlaut: Handbuch der Verträge; S. 274 f. Beistandspakt zwischen der UdSSR und der Tschechoslowakei vom 16. Mai 1935, Wortlaut: ebd., S. 276-278.

50 Flottenabkommen zwischen Großbritannien und Deutschland vom 18. Juni 1935. Wortlaut in: Handbuch der Verträge, S. 276-278

einem Umfang bauen, den seine Werften auf Jahre hinaus nicht würden ausfüllen können. Dass das Abkommen als Schritt zur allgemeinen Begrenzung der Seerüstungen ausgegeben wurde, die von einer kommenden Konferenz erörtert solle, war dreiste Demagogie.

In Wahrheit wurde die deutsche Politik der Missachtung des Vertrages von 1919 zum ersten Mal von einer Siegermacht sanktioniert. Das geschah ein Vierteljahr, nachdem die Reichsregierung am 15. März 1935 das Gesetz über die Einführung der allgemeinen Wehrpflicht[51] beschlossen und damit einen Eckpfeiler des Friedensvertrages gestürzt hatte. Gleichzeitig machten die Machthaber nicht länger einen Hehl aus der Existenz ihrer Luftwaffe, die da bereits über Bombenflugzeuge, Nah- und Fernaufklärer verfügte. Reichsluftfahrtminister Göring erhielt den Oberbefehl. Der Geist, aus dem die neue Wehrmacht formiert wurde, sprach aus der Rede des Kriegsministers von Blomberg, gehalten am 17. März 1935, einem »Heldengedenktag«. Die Jugend müsse den »Gefallenen« des Weltkrieges den rechten Sinn geben, deren Vermächtnis ganz erfüllen und bereit sein, für Deutschland zu kämpfen und »vielleicht auch zu sterben«[52] Noch war Raum für Illusionen und Fehlrechnungen darüber, in welchem Tempo der faschistische Staat kriegsfähig sein werde. Daran, dass er militärische Überlegenheit erstrebte, ließ sich nicht zweifeln. Im Oktober 1935 rückte der erste eingezogene Jahrgang junger Deutscher in die Kasernen. Und das Reich mit seinem Potential von etwa 65 Millionen Einwohnern verfügte über ein Aufgebot an Rekruten, das größer war als jenes, das Frankreich und die Tschechoslowakei gemeinsam zu mobilisieren vermochten.

Die in das Leben der männlichen Bevölkerung eingreifende Maßnahme, deren Zeitpunkt allenfalls noch überraschte, wurde im Lande sehr verschieden aufgenommen. Ein erheblicher Teil

---

51 »Gesetz über den Aufbau der Wehrmacht« vom 16. März 1935. In: Deutsche Geschichte 1933–1935, S. 105.

52 Deutsche Geschichte 1933–1935, S. 105 f.

der männlichen Deutschen begrüßte sie freudig. Das taten viele Weltkriegsteilnehmer, die nie Distanz zu ihrer Rolle als kaiserlicher Soldat gewonnen hatten. Militärzeit und Kriegserlebnisse waren ihnen ein Quell ständiger erbaulicher Erinnerung und Unterhaltung in Familien und an Stammtischen geblieben. Ihnen galt ein »Ungedienter«, und von denen gab es inzwischen 15 Jahrgänge, als kein richtiger Mann und das durchlebte Kasernendasein und die Härte militärischen Drills als angemessener Einstieg ins rechte Mannesleben.

Bald pilgerten Väter mit ihren Kindern an den alljährlich veranstalteten »Tagen der Wehrmacht« in Kasernen und zu militärisch genutzten Flug- und Seehäfen. Dort schulterten Jungen Gewehre, kletterten auf Panzerfahrzeugen herum, hantierten an Geschützen, durften sich in die Cockpits von Flugzeugen setzen und durch das Innere der Unterseeboote zwängen. Dann wurde aus Gulaschkanonen Erbsensuppe empfangen und gelöffelt. Bilder jener Tage bezeugen, dass es den Deutschen an jeder Phantasie fehlte, wo diese Hochrüstung münden würde. Spürbare Proteste der Versailler Vertragsmächte oder gar folgenreiche internationale Spannungen hatte die Einführung der allgemeinen Wehrpflicht nicht ausgelöst. Dass es von der Verkündung des Gesetzes bis zum Beginn des Eroberungskrieges nicht mehr als viereinhalb Jahre dauern könne, kam nur wenigen Weitsichtigen in den Sinn. Für Abertausende besaßen die aus verschiedenen Anlässen aufgeführten Militärspektakel, Paraden, zu denen sie sich an Straßenrändern der Städte sammelten, oder Konzerte, von Militärkapellen auf Plätzen geboten, Schau- und Unterhaltungswert. Gleiches galt für die in Kinos gezeigten Kriegsfilme, die Schlachten verherrlichten, das Soldatsein beschönigten und als amüsantes Erleben schilderten. 1933 gab der noch in der Republik gedrehte, im U-Boot-Krieg angesiedelte Streifen »Morgenrot« den Auftakt. Der Uraufführung wohnte Hitler bei. Die Deutschen, wurde da verkündet, könnten gemeinsam besonders gut sterben. Die Titel der Weltkriegsfilme sprachen für sich: »Ein Mann will nach Deutschland« (1934), um am Krieg teilnehmen zu können; »Stoßtrupp 1917« (1934), gedreht nach Teilen des Romans

»Glaube an Deutschland« von Hans Zöberlein; »Die Reiter von Deutsch-Ostafrika«, der mit dem Versprechen endet, eines Tages wieder in das Kolonialland zurück zu kommen (1934); »Verräter« 1936, in dem Agenten, die Deutschlands Rüstungen ausspionieren, gefasst und getötet werden; »Pour le Merite« (1938), der die Dolchstoßlegende verbreitete und mit der Wiedereinführung der allgemeinen Wehrpflicht schließt.

Jeder Schritt der Militarisierung und Aufrüstung wurde von der Reichsregierung und von Hitler selbst mit Friedens- und mit an Nachbarvölker gerichteten Freundschaftsbeteuerungen begleitet und eingenebelt. Das hatte mit des »Führers« erster außenpolitischer Rede[53] am 17. Mai 1933 vor dem Reichstag begonnen. Seine Regierung ist überzeugt, sagte er da, dass »es heute nur eine große Aufgabe geben kann; den Frieden zu sichern.« So ging es fort. In der Erklärung zum Austritt aus dem Völkerbund vom 11. Oktober 1933 wurde geschrieben. dass Regierung und Volk »die Gewalt als ein untaugliches Mittel zur Behebung bestehender Differenzen« ablehnten. Auf den Beschluss über die Einführung der allgemeinen Wehrpflicht folgte am 21. Mai 1935 eine weitere Rede Hitlers[54] zur Außenpolitik mit der Versicherung: »Das nationalsozialistische Deutschland will den Frieden aus tiefinnersten weltanschaulichen Überzeugungen.« Dem französischen Nachbarn bot er wirkliche, dem polnischen herzliche Freundschaft an. Mehrfach beteuerte er in Ansprachen, dass ihm, dem »Frontsoldaten« des Weltkrieges nichts ferner liegen könne als die Absicht, einen Krieg zu beginnen.

Diese grotesken Auftritte mochten die Politiker im Ausland nicht sonderlich beeindrucken. Die fragten und rätselten mehr darüber, welche Expansionsrichtung dieses Regimes wählen werde, wenn es sich kriegsreif dünkte, und ob man den Entschluss würde beeinflussen können. Dem bot Hitler in seinen Reden Stoff. Wieder und wieder betonte er, das nationalsozialistische Deutschland konfrontiere sich nur einer Macht, mit der es sich

53 Deutsche Geschichte 1933–1935, S. 45 f.

54 Deutsche Geschichte 1933–1935, S. 109 f.

nicht versöhnen könne, dem Bolschewismus. Gegen ihn bilde es geradezu einen unüberwindlichen Schutzwall und nicht nur für sich allein. Nur mussten selbst die Politiker in den kapitalistischen Mächten, die sich auf der sicheren Seite glaubten und die Wehrmacht gegen Moskau ziehen sahen, doch bemerken, dass auf diesem Wege Polen lag. Das aber wollte sich, so sowjetfeindlich seine führenden Kreise auch eingestellt waren, zum Kriegsgenossen Deutschlands nicht machen.

Die Friedensheuchelei des Führers war aber auch auf die eigenen Volksgenossen gerichtet. Da erfüllte sie zwei Funktionen. Zum einen verband sie sich mit Appellen zu angestrengter friedlicher Arbeit, die als Weg zum Wohlstand galt, der vollends aber wegen des begrenzten Bodens für die Erzeugung von Nahrungsmitteln doch nicht erreicht werden könnte. Zum anderen wurde damit der Tatsache Rechnung getragen, dass das massenhafte Bekenntnis zur Schaffung der Wehrmacht nicht auch Kriegsgelüst bedeutete. Das Dogma vom Volk ohne Raum verfing bei den Massen nicht. Was im Warenangebot zeitweilig fehlte, war dem Deviseneinsatz für die Rüstung geschuldet. Das gab selbst die NS-Propaganda zu. Die Masse der Arbeitenden beschäftigte nicht in erster Linie das auf dem Markt Fehlende, sondern ihr als Folge der Lohnpolitik schmaler Geldbeutel. Doch ungezählte Millionen »Volksgenossen« hofften auf die weitere allmähliche Verbesserung ihrer Lebensverhältnisse im Frieden. Und sie glaubten auch, dass der »Führer« für ihn zu sorgen gewillt sei.

Es waren keine drei Jahre seit der Aufrichtung der faschistischen Diktatur vergangen und Deutschland war, ohne dass sich im Innern noch behindernde Widerstände regen konnten, auf jenen Kurs gebracht, den Hitler den Generalen am 5. Tage seiner Kanzlerschaft bezeichnet hatte. Auf ihm büßte das Regime an Anhängern nicht ein. Es hatte in den nationalistisch gestimmten Kreisen des Volkes weitere gewonnen. Die sahen in der Wehrmacht vor allem ein notwendiges Instrument, um von anderen Mächten zu fordern, was sie für Deutschlands rechtmäßige Ansprüche hielten, und glaubten, es nötigenfalls durch Drohungen eintreiben zu können.

5. »Die Juden sind unser Unglück«

Seit 1933 hatte das Deutsche Reich einen Reichskanzler, der ein erklärter Judenhasser war. Das lässt sich von keinem seiner insgesamt zwanzig Vorgänger seit Bismarck sagen. Was immer deutsche Regierungschefs über die jüdischen Deutschen und die Juden insgesamt gedacht haben mochten, sie regierten einen Staat, in dem es kein antijüdisches Gesetz gab, wenn diese Minderheit in ihm auch gesellschaftlich nicht vollständig gleichgestellt war. Sie besaß einen erheblichen Anteil an den besseren Zuständen und dem Ansehen der deutschen Gesellschaft. Überproportional war sie insbesondere an der Hochschullehrer- und der Ärzteschaft und der Berufsgruppe der Rechtsanwälte beteiligt. Auf dem Wege dahin hatte die Revolution von 1918 mit der Bildung der Weimarer Republik einen weiteren Fortschritt gebracht.

Die deutschen Juden lebten in einem Land, das sie wie schon viele ihrer Vorfahren als ihr Vaterland ansahen und in dem sie um Gut, Leib und Leben nicht zu fürchten hatten, wiewohl Antisemiten sie in Wort und Schrift ungestraft anfeinden konnten. Die rabiatesten und lautesten ihrer Gegner waren die Gefolgsleute Hitlers. Der hatte in seinem »Kampfbuch« über viele Seiten seinem Judenhass freien Lauf gelassen. Die Juden waren demnach seit Generationen die Plage des deutschen Volkes, an dem sie unausgesetzt Verbrechen begangen hätten. Sie seien seine Ausbeuter, die auf die wirtschaftliche Vernichtung und politische Versklavung der Deutschen zielten. Und sie seien auch die Urheber von Marxismus und Bolschewismus. Es hätte diese Schrift allein hinreichen müssen, deren Verfasser aus dem Kreis von Kanzlerkandidaten auf Lebenszeit auszusondern. Dass sie das nicht bewirkte, ergibt ein Urteil über den geistigen und moralischen Zustand aller, die den Führer dieser Partei in das höchste Regierungsamt befördert hatten, und über alle, die sich bereit fanden, unter seiner Regie in die Regierung einzutreten.

Nach dem vorletzten Januartag 1933 war es nur eine Frage kurzer Zeit, bis die braunen Antisemiten, die schon in der Republik vor allem in Berlin judenfeindliche Krawalle inszeniert hatten, in Aktion treten würden. Die ersten »Kämpfer«, die sich gegen die Wehrlosen hervortaten, waren nicht kleinbürgerliche Gefolgsleute Hitlers in den SA-Reihen, sondern faschistische Studenten, organisiert in einem eigenen NS-Bund. Im März 1933 bezogen in der Breslauer Universität Faschisten Posten vor Hörsälen, in denen jüdische Professoren Vorlesungen hielten, und suchten ihre Mitstudenten von deren Besuch abzuhalten. Der Führer dieses Bundes wies die faschistischen Studenten in allen Universitäten an, dem Beispiel zu folgen.[55] Wenig später, am 1. April, wurde dann die Masse der SA-Mitglieder in einer reichsweiten und kontrollierten Aktion gegen die Juden losgelassen.[56] Sie zielte gegen Warenhäuser und die Inhaber von Einzelhandelsgeschäften, deren Fronten mit der Parole »Kauft nicht beim Juden« und mit dem Davidstern beschmiert wurden. Der Boykott richtete sich auch gegen Rechtsanwälte und Ärzte in ihren Praxen. Vor Läden und Büros zogen Braunhemden auf, um Käufer, Patienten und Klienten »aufzuklären« und am Betreten von Geschäften und Büros zu hindern. Eine Dauerbeschäftigung für die SA und die Arbeitslosen in ihren Reihen wurde das jedoch nicht. Die Aktion war auf einen Tag begrenzt und das mit Rücksicht auf die Unruhe, die ihre Fortsetzung unvermeidlich in der gesamten Wirtschaft erzeugt haben würde. Jedoch dauerte die Propagandakampagne fort und insbesondere Beamte und Staatsangestellte mussten unangenehme Folgen fürchten, wenn sie als Käufer in jüdischen Geschäften denunziert wurden. Es begann die Disziplinierung der »Volksgenossen« damit, dass sie zunächst etwas zu unterlassen hatten.

Der Boykott war eine Parteiaktion. Doch es verging keine Woche und es folgte ihr der erste Schlag der Regierung gegen die Juden. Sie verabschiedete, das »Gesetz zur Wiederherstellung des

---

55 Anordnung vom 29. März 1933 zum Boykott jüdischer Hochschullehrer. In: Verfolgung, Vertreibung, Vernichtung, S. 46 f.

56 Vgl. z. B. den Aufruf der Gauleitung der NSDAP des Gaus Baden vom 1. April 1933, in: Verfolgung, Vertreibung, Vernichtung, S. 50.

Berufsbeamtentums«, das einen Paragraphen enthielt, der Juden den weiteren Verbleib im Staats- und jedem öffentlichen Dienst untersagte. Kein konservatives Kabinettsmitglied hatte dagegen seinen Einwand erhoben. Das Gesetz traf zum wenigsten Bürokraten, sondern Ärzte in kommunalen Krankenhäusern, Apotheker, Lehrer an allgemein bildenden Schulen und Hochschullehrer an Universitäten, Schauspieler an städtischen Bühnen, Juristen in Gerichten und Staatsanwaltschaften, insgesamt einen erheblichen Teil der jüdischen Intelligenz. Eine Ausnahmebestimmung schützte jüdische Frontkämpfer des Weltkrieges vor der Entlassung. Das sollte such als die Gewährung einer Galgenfrist erweisen, die 1935 abgelaufen war. Mit ihr wurde indessen der Eindruck erweckt, als würden besondere Verdienste von Juden »für Deutschland« anerkannt. Die Differenzierung, die dem rassistischen Dogma der Nazis von den Juden widersprach, bezeugte nicht mehr, als dass die Antisemiten es für geboten hielten, schrittweise vorzugehen.

Mit dem Gesetz begann die Vertreibung der Juden, die bis in die Frühphase des Krieges das strategische Ziel der Machthaber bildete, die Deutschland »judenfrei« machen wollten, das aber zunächst nicht zugaben. Sie logen, einzig die angebliche jüdische Überfremdung beseitigen zu wollen. Selbst Hinweise, dass die wissenschaftliche Forschung durch den Verlust von hochgradigen Spezialisten Schaden nehmen werde, verfingen bei Hitler nicht.[57] Die »Arier« würden das mit ihren Leistungen wettmachen. Der Vertreibungsdruck traf alsbald ungleich mehr Menschen als nur die von den Artikeln und Paragraphen des Gesetzes direkt Betroffenen. Mit ihnen war eine Norm gesetzt, an der sich auch nichtstaatliche Einrichtungen orientierten. Wirtschaftsunternehmen, wenn sie sich nicht ihrer jüdischen Mitarbeiter entledigten, versetzten Juden auf mindere Arbeitsplätze, damit sie Geschäfte von Banken und Firmen mit dem Staat nicht schädigten. Die ge-

57 Vgl. das Schreiben von Max Planck an das Preußische Ministerium für Wissenschaft, Kunst und Volksbildung vom 30. August 1933. In: Deutsche Geschichte 1933–1935, S. 57.

sellschaftliche Isolierung der Minderheit begann. Ein disziplinierter »Volksgenosse« hielt die verlangte Distanz zu Juden ein. Tausenden machte es keine Skrupel, die freigemachten Arbeitsplätze einzunehmen oder sich bietende Karrierechancen zu nutzen. Und das demokratische Ausland fand zugunsten der deutschen Juden keine solidarische Antwort.

Dennoch hielt sich die Zahl der das Nazireich fliehenden Juden, in ihm lebten etwa eine halbe Million als Glaubensjuden erfasste Personen, 1933 und in den ersten Jahren der Diktatur noch in Grenzen. Das hatte mehrere Ursachen: Es war nicht leicht, im Ausland unter den Bedingungen der zwar abklingenden, aber nicht beendeten Wirtschaftskrise Wohnsitz und bezahlte Arbeit zu finden. Viele vermochten sich aber auch von dem Lande nicht zu trennen, in dem sie familiäre Wurzeln und freundschaftliche Bindungen besaßen und an das sich vielerlei Emotionen knüpften. Zudem wurde die Flucht zur Ausplünderung der Juden durch den Staat genutzt und war mit dem Verlust von erheblichen Teilen des Eigentums verbunden. Sodann gingen von den Maßnahmen der Faschisten auch irritierende Wirkungen aus. Anfang 1934 stoppten sie, was in SA-Reihen Enttäuschung erzeugte, weitere antijüdische Kampagnen und Aktionen. So ließ sich glauben, die antisemitische Flut sei eine Erscheinung, die nur den Machtgewinn begleitet habe, aber verebben werde. Und schließlich lebte in jüdischen wie in antifaschistischen Kreisen die Hoffnung, dieses Regime werde ewig nicht dauern und es lasse sich ohne schwere Schädigungen überstehen.

Das Jahr 1935 korrigierte diesen Optimismus. Was die faschistische Propaganda im Frühjahr und Sommer als »Einzelaktionen«, als Initiativen örtlicher und lokaler Gruppen von NS-Organisationen hinstellte, war tatsächlich eine Kampagne[58] mit

58 Über deren Vorboten vgl. Schreiben des Reichswirtschaftsministers Hjalmar Schacht an den Reichsminister des Innern vom 12. Dezember 1934. In: Verfolgung, Vertreibung, Vernichtung, S. 87 f. und über die Aktionen von Mai bis August 1935 vgl. u. a. Scheiben des Reichsstatthalters in Bayern, Franz Ritter von Epp an den Reichsminister des Innen vom 27. Mai 1935, ebd., S. 95 f.

mehreren Funktionen und Zielen. Deren Täter, vorwiegend SA-Leute, dazu Mitglieder anderer Organisationen bis hin zu Kindern in der Hitlerjugend, erhielten wieder eine Gelegenheit, sich in der eingeübten Weise zu betätigen und auszutoben. Das war besonders für die im Jahr zuvor gedemütigten, in ihrem Rang im System herabgesetzten Sturmabteilungen mit den »alten Kämpfern« wichtig. Die konnten sich – zweitens – als Vorbild und Erzieher der in ihren Augen zurückgebliebenen »Volksgenossen« groß- und hervortun. Sie lehrten diese das richtige Verhalten von »Ariern« gegenüber Juden. Damit trugen sie zur weiteren generellen Disziplinierung der Bevölkerung bei, die Konflikte mit den Machthabenden und deren Organen ohnehin zu meiden suchte. Die Kampagne – drittens – diente dazu, jüdischen Geschäftsleuten und deren Personal Arbeit und Verdienst mehr und mehr zu erschweren und sie aus dem Einzelhandel, den Warenhäusern und dem Landhandel mit tierischen und pflanzlichen Erzeugnissen zu verdrängen. Und – viertens – ging es darum, angesichts des die Machthaber nicht befriedigenden Umfangs der jüdischen Auswanderung den Juden das Leben in Deutschland unerträglich und zur Hölle zu machen.

Doch auch über das Geschäftsleben hinaus wurden die Handlungs- und Bewegungsräume der Juden beschnitten. Daran waren Verwaltungen von Kommunen ebenso beteiligt wie viele Bürger. Die einen verboten Juden den Besuch von Kinos, andere den von Bibliotheken, dritte den Aufenthalt in Kurorten und Badeanstalten. Friseure gaben bekannt, dass sie Juden nicht mehr bedienen würden. An Eingängen von Gaststätten, aber auch an Türen »arischer« Einzelhändlern und von Warenhäusern wurde plakatiert »Juden sind hier unerwünscht« oder »Juden werden hier nicht bedient« oder »Juden ist der Zutritt verboten«. Auf drohende Texte wie »Juden betreten dieses Gebiet auf eigene Gefahr« stießen Besucher an Eingängen von Städten und Dörfern. Andere Gemeinden rühmten sich »Dieser Ort ist judenfrei«. Die Ekel erregende Kampagne, wurde von manchen Deutschen nicht wegen ihres Inhalts und ihrer Ziele, sondern wegen der einer »Kulturnation« nicht anstehenden Methoden abgelehnt. Zu ihnen gehörten tätliche Angriffe auf Juden, die von SA-Leuten aus Gaststätten geprügelt oder auf offener Straße überfallen wurden. Andere Attacken richteten sich gegen so genannte Rassenschänder, deren Bilder und Namen durch Straßen getragen und von Zeitungen veröffentlicht wurden. Oft waren die so Angeprangerten Opfer von Denunziationen und Verleumdungen. Polizei und Justiz duldeten das Vorgehen. Deren Personal hatte ohne besondere Weisungen begriffen, was die Obrigkeiten wortlos guthießen Die Presse berichtete von verhafteten Juden, die in Konzentrationslagern geschafft worden waren.

Längst hatte sich die Legende von spontanen Aktionen des Volkszorns entlarvt. Hochgestellte Naziführer trieben in Massenkundgebungen ihre Gefolgschaft voran, so Julius Streicher in Hamburg. Örtliche Autoritäten verfügten Verbote gegen Juden wie das Betreten von Jahrmärkten oder den Kauf von Grund und Boden. Im Geschichtsbewusstsein vieler Nachgeborener herrscht die Vorstellung, ihre Vorfahren hätten erst beim Pogrom 1938 gesehen, was Naziformationen und Staatsgewalt den Juden an Schikanen und Gewalt vereint antaten. Dazu hatten sie schon im Sommer 1935 vielerorts Gelegenheit und in ihrer Masse geschwiegen. Ohne ihr Zutun wurde die Kampagne in der zweiten Augusthälfte durch Weisungen und Befehle der Führer von SA und SS abgebrochen. Das an ihre Formationen gerichtete Verbot weiterer »Einzelaktionen« besaß seine Ursache im geplanten nächsten Schritt der Staatsführung. Der sollte nicht in Verbindung mit antijüdischen Radauaktionen und Verbrechen erscheinen, sondern als wohl abgewogener Staatsakt, mit dem eigenmächtige Ausbrüche des Volkszorns gerade verhindern werden würden.

Auf dem Parteitag der NSDAP im September 1935, veranstaltet wie immer in Nürnberg, hielt Hitler, von dem während der gewalttätigen Umtriebe in den Wochen vorher nichts zu sehen und zu hören gewesen war, vor den »Männern des Großdeutschen Reichstages« eine Rede.[59] In ihr begründete er die beiden einzigen antijüdischen Gesetze, die je von dieser Gefolgsleute-Versammlung

59 Verfolgung, Vertreibung, Vernichtung, S. 112f.

beschlossen wurden. Auf ähnlich verlogene Auftritte anderer Faschisten hätte die Wortwendung von Kreidefressen gepasst. Hitler hatte das nicht nötig. Die Lüge gehörte zu seiner Natur. Er besaß die Stirn, nach den Gewalttaten der Vorwochen zu behaupten, er wolle nun den allerletzten Versuch unternehmen, das friedliche Zusammenleben der deutschen Volksgenossen mit den Juden zu regeln, das deren Verhalten bisher verhindert hätte.

Dafür ließ sich nicht der kleinste Beweis erbringen. Jeder Jude musste sich in diesem »Dritten Reich« bedroht fühlen. Alle hatten sich folglich gehütet, mit diesem Regime und seinen Bütteln auch nur in den kleinsten Konflikt zu geraten. Die noch existierenden jüdischen Organisationen, der Reichsverband deutscher Staatsbürger jüdischen Glaubens, der Bund der Zionisten, der Bund jüdischer Frontsoldaten, der Verband nationaldeutscher Juden, hatten alles vermieden, was sie zusätzlichen Anfeindungen und Verfolgungen ausgesetzt haben würde. Nichts anderes galt für die Geistlichen in den Synagogen.

Hitler aber behauptete, es habe sich jüngst das provozierende Vorgehen einzelner Juden vermehrt. Er schlage nun eine »säkulare Lösung« des Problems vor, weshalb die Abgeordneten zwei Gesetze beschließen sollten. Das eine trug den Titel »zum Schutze des deutschen Blutes und der deutschen Ehre«[60], das andere, das so genannte Reichsbürgergesetz, regelte die deutsche Staatsbürgerschaft[61]. Verboten wurden demnach Eheschließungen zwischen Juden und den zu Ariern erklärten Deutschen sowie deren »außerehelicher Verkehr«. Mit der Bestimmung, welche die Beschäftigung von »Arierinnen«, die jünger als 45 Jahre waren, in einem jüdischen Haushalt untersagte, wurde die Diffamierung der jüdischen Männer als Lüstlinge, die es auf »arisches Blut« abgesehen hätten, in ein Staatsgesetz geschrieben.[62] Wenn sich auf diesem Wege die verträgliche Beziehung der Deutschen zu den Juden nicht herstellen lasse, schloss Hitler drohend, werde er die Lösung

60 Ebd., S. 113 f.

61 Ebd., S. 114.

62 Reichsgesetzblatt, Teil I, S. 1146 ff.

des Problems der nationalsozialistischen Partei übergeben. Was das besagte, hatten die Wochen vorher gezeigt.

Die Juden waren nun per Gesetz zu Nichtdeutschen erklärt, zu Landesbewohnern minderen Rechts. Sie würden im »Dritten Reich« geduldet werden, sofern und solange das der Herrenrasse noch zweckmäßig erschiene. Deutschland war um Jahrzehnte seiner Geschichte zurückgeworfen. In Preußen war am 3. Juli 1869 mit den Unterschriften Kaiser Wilhelms I. und Bismarcks ein Gesetz in Kraft getreten, in dem es hieß: »Alle noch bestehenden, aus der Verschiedenheit der religiösen Bekenntnisse hergeleiteten Beschränkungen der bürgerlichen und staatsbürgerlichen Rechte werden hierdurch aufgehoben.« Auch in den anderen Staaten, die sich 1871 zum Deutschen Reich zusammenschlossen, waren die antijüdischen Gesetze außer Kraft gesetzt worden. Doch noch zeigten sich die fanatischsten Judenfeinde mit dem Hakenkreuz durch das »Blutschutz-Gesetz« nicht vollständig zufrieden gestellt. Sie hatten gehofft, dass Juden auch jede wirtschaftliche Betätigung verboten werden würde. Das war unterblieben, weil die Beeinträchtigung eigener Interessen, insbesondere solchen im Außenhandel, nach wie vor nicht ausgeschlossen werden konnte. Und auch mit Rücksicht auf die momentan prekäre Lage der Wirtschaft, die Folge des Aufrüstungstempos war, hatten diejenigen zu warten, die den definitiv vernichtenden Schlag gegen jede wirtschaftliche Tätigkeit der Juden führen wollten.

Also setzten sich die Aktionen des Sommers 1935 nach dem Parteitag nicht in gleicher Weise fort. Im Februar 1936 bekräftigte der Reichsinnenminister ausdrücklich das im Vorjahr auch von ihm ergangene Verbot von »Einzelaktionen«.[63] Nun sollte gegen sie, wenn nötig, auch die Polizei einschreiten. Das geschah schon mit dem Blick auf die Olympischen Spiele. Den Gegnern ihres Stattfindens in Deutschland sollten keine weiteren Argumente geliefert werden. Rechtzeitig vor dem Eintreffen der Gäste ver-

63 Funkspruch des Reichsinnenministers an die Reichsstatthalter, Landesregierungen, Oberpräsidenten und Polizeibehörden vom 5. Februar 1936. In: Verfolgung, Vertreibung, Vernichtung, S. 125.

schwanden die judenfeindlichen Tafeln und Plakate von Ortseingängen und Geschäftstüren. Der Wandel betraf jedoch nur die Kulisse. Ungehemmt ging die ideologische Bearbeitung der Deutschen im Geiste von Rassismus und Antisemitismus fort. Daran beteiligten sich nicht nur die Propagandisten um Goebbels und Streicher. 1936 erschien das Buch des 1905 mit dem Nobelpreis ausgezeichneten Physikers Philipp Lenard, eines frühen Mitglieds der NSDAP, der an der Universität Heidelberg lehrte.

Darin postulierte er die Existenz einer deutschen oder »arischen« und einer »jüdischen« Physik. Albert Einstein wie allen jüdischen Wissenschaftlern sprach Lenard das »Verständnis für die Wahrheit« ab und erklärte den Wahrheitswillen zu einer Eigenschaft des Blutes.[64]

Doch wie viel oder wie wenig die Antisemiten 1936 an den Kulissen ihrer Staates änderten, es blieb ihr unverrückbares Ziel, die Juden aus Deutschland zu vertreiben. Als der wirksamste Schritt dahin galt die Vernichtung ihrer wirtschaftlichen und sozialen Basis. Maßnahmen, die darauf zielten, wurden in Permanenz auf dem Verordnungswege unter Beteiligung mehrere Ministerien ergriffen. 1936/37 verboten sie Angehörigen einzelner Berufsgruppen ihre Tätigkeiten ganz oder schmälerten deren Einkünfte. Lehrer, die aus öffentlichen Schulen entlassen waren und im Privatunterricht eine Verdienstmöglichkeit gefunden hatten, wurde der jetzt für »arische« Schüler untersagt. Den Universitäten wurde verboten, Juden zu promovieren. Ärzte traf der Entzug der Zulassung zu Krankenkassen, dann das generelle Verbot, Nichtjuden zu behandeln.

Im Machtapparat des Regimes rückten zwei Personen in die erste Reihe der Judenverfolger. Zunächst, öffentlich weniger auffallend, Reinhard Heydrich, der Chef der Sicherheitspolizei. Deren Judenreferat bereitete die künftige Ausweitung der Verfolgungen vor, bis hin zu Maßnahmen, die in einem kommenden Krieg ergriffen werden sollten. Dazu dienten Arbeiten an der

---

64 Philipp Lenard, Deutsche Physik, München 1936. Zitiert in: Kennzeichen J., S. 85 f.

so genannten »Judenkartei«, mit denen 1935 begonnen worden war. Sie war für die Erfassung auch des letzten »Rassejuden« und dazu der so genannten Halb-. und Vierteljuden bestimmt. Der zweite, der in der Führungsreihe der Judenverfolger nach vorn rückte, war Hermann Göring in seiner Eigenschaft als Chef der Vierjahresplanbehörde. Ihn trieb das Interesse, durch die vollständige Verdrängung der Juden aus der Wirtschaft wie durch Maßnahmen unverhohlenen Raubes die infolge der riesigen Rüstungsausgaben beständig leere Staatskasse aufzufüllen. Schon an den Verkäufen von Betrieben und Banken im jüdischen Eigentum hatte der Staat über Steuern und weitere Abgaben profitiert. Würden die Eigentümer jetzt nicht nur unter ökonomischem, sondern auch unter staatlichem Zwang aufgeben müssen, würde das wiederum beträchtliche Summen in die Staatskasse spülen. Bei diesem abschließenden Schritt sollte dem Fiskus nichts entgehen. Daher wurde im April 1938 angeordnet, dass Juden ihr Eigentum – Immobilien, Wertpapiere, Versicherungen, Edelmetalle und Bargeld – über den Betrag von 5.000 Reichsmark hinaus dem Staate offen zu legen hatten.[65] Sodann wurde ihnen eine Kennkarte aufgezwungen, mit der sie sich bei jeder Behörde ausweisen mussten.[66] Ihre Pässe erhielten den Aufdruck »J«[67]. Kurzum: die Antisemiten im Machtapparat des Regimes waren auf den Schlag vorbereitet, als dessen Folge sie sich die Massenflucht der Juden aus dem Reich versprachen. Dabei beschäftigte sie schon die Frage, wer den Rest finanzieren und versorgen werde, bestehend aus Kranken und Alten, die schwerlich sich noch auf den Fluchtweg machen konnten.

---

65 Verordnung über die Anmeldung des Vermögens von Juden vom 26. April 1938. In: Verfolgung, Vertreibung, Vernichtung, S. 152.

66 Bekanntmachung vom 23. Juli betr. die Pflicht, sich bei allen Ämtern als »Jude« auszuweisen. In: Verfolgung, Vertreibung, Vernichtung S. 155 f.

67 Verordnung des Reichsinnenministers, betr. »Reisepässe von Juden« vom 5. Oktober 1938. In: Verfolgung, Vertreibung, Vernichtung, S. 160 f.

In dieser Situation kam ihnen ein Vorfall geradezu willkommen, der in ihr unausgereiftes Konzept passte. In der deutschen Botschaft in Paris schoss am 7. Oktober 1938 ein junger Jude auf einen dort tätigen Mitarbeiter und verletzte ihn schwer. Der Täter wollte mit seiner Aktion das Unrecht rächen, das seinen in Deutschland lebenden Eltern und anderen Juden polnischer Staatsangehörigkeit angetan worden war. Die waren zehn Tage zuvor in einer Polizeiaktion an die deutsch-polnische Grenze befördert und im Niemandsland ausgesetzt worden.[68] Die faschistische Presse in Deutschland erklärte das Geschehen in Frankreichs Hauptstadt zu einem Anschlag des »internationalen Judentums«.

Die Nachricht vom Tode des Diplomaten erreichte am Abend des 9. November 1938 die wie alljährlich in München versammelten, den Jahrestag ihres Putsches von 1923 feiernden Naziführer. Sie lösten durch Befehle an die SA und Weisungen an die regionalen und örtlichen Parteiführer im gesamten Reichsgebiet einen antijüdischen Pogrom aus. An Polizei und Feuerwehr ergingen Weisungen, nicht einzugreifen. In den Nachtstunden gingen die Synagogen in Flammen auf oder wurden, wo sie sich wegen der Gefährdung von Nachbarbauten nicht anzünden ließen, gesprengt und auf andere Weise ruiniert. Selbst den offiziellen Zahlenangaben zufolge wurden 7.500 Geschäfte samt ihrer Waren verwüstet. Nicht anders Wohnungen von Juden, deren Fenster und Mobiliar der SA-Mob zertrümmerte. Die Braunhemden ermordeten – das ist die amtlich eingestandene Zahl – 91 Juden. Tatsächlich kam ein Mehrfaches der Opfer ums Leben, Die Verletzten zählte niemand.

In jener Nacht lebte in Deutschland das Mittelalter wieder auf, ereigneten sich Szenen, die bis dahin nur in Geschichtsbüchern nachzulesen waren, die von Pogromen vergangener Jahr-

68 Fernschreiben des Reichsführers SS und Chefs der Deutschen Polizei im Reichsinnenministerium vom 27. Oktober 1938, betr. die Deportation von Juden polnischer Staatsangehörigkeit an die deutsch-polnische Grenze. In: Verfolgung, Vertreibung, Vernichtung, S. 161.

hunderte berichteten. Die Masse der Deutschen war an dem Verbrechen unbeteiligt und auch nicht deren Augenzeuge gewesen. Sie nahm erst am Morgen auf dem Wege zur Arbeit wahr, was sich in den letzten Stunden zugetragen hatte. Wieder überwog das Schweigen weitaus. Allenfalls wurden Klagen über zerstörte Werte und Waren laut, zumal sich die Mehrheit der »Volksgenossen« die nicht leisten konnte. Waren sie auch unbeteiligt, so waren sie doch betroffen. Auch der Pogrom diente der Einübung von Millionen, widerspruchslos hinzunehmen, was sie doch nicht oder nicht vollends billigten, Untaten, die gemeinhin als Verbrechen angesehen wurden, und von denen obendrein wieder gelogen wurde, sie seien ein Ausbruch des Volkszorns gewesen.

Während die Trümmer rauchten gingen SS und Polizei nach von Heydrich erteiltem Befehl daran, etwa 20.000 jüdische Männer, die exakte Zahl ist nie ermittelt worden, in örtlichen Gefängnissen zu versammeln und sie dann in Transporten in die Konzentrationslager Dachau, Sachsenhausen und Buchenwald zu schaffen. Ausgewählt wurden dafür vor allem besitzende oder wohlhabende Juden, was den Zweck der Aktion anzeigte. Ihnen war anders als den politischen Gefangenen kein dauerhafter Verbleib hinter Stacheldraht zugedacht. Die Verschleppten sollten jedoch so in Furcht und unter Druck gesetzt werden, dass sie ihre Habe rasch verkauften und Deutschland selbst unter den ungewissesten Voraussetzungen verließen. Das wurde vielfach erreicht. »Arier« gelangten so zu weit unter seinem Wert verkauften jüdischen Besitz, doch forderte ihnen der Staat die geschätzten Beträge ab, die sie dabei erspart hatten.

Die Beratung, auf der die weiteren Verfolgungsmaßnahmen gegen Juden erörtert wurden, fand am 12. November unter Görings Vorsitz statt.[69] Der wetterte ob des sinnlos Zerstörten, wodurch nicht den Juden geschadet worden sei, sondern ihm, der es für seine Aufgaben dringend hätte gebrauchen können.

---

69 Protokoll der Besprechung Hermann Görings mit Leitern der obersten Reichsbehörden am 12. November 1938. In: Verfolgung, Vertreibung, Vernichtung, S. 175-180.

Vor allem verlangte er von der Polizei, die von Tätern und Angelockten gestohlenen Wertsachen herbeizuschaffen, wobei ihn namentlich die Waren aus geplünderten Schmuckgeschäften beschäftigten. Den Raub von Staats wegen setzte eine Anordnung fort, die den Juden eine »Buße« von 1 Milliarde Reichsmark auferlegte.[70] Zudem hatten sie für die Beseitigung der an ihrer Habe verursachten, öffentlich sichtbaren Schäden zu sorgen und das ohne Inanspruchnahme ihrer Versicherungen.[71] Was diese den Geschädigten zu zahlen verpflichtet gewesen wären, zog ebenfalls Göring ein. Zu den in jener Sitzung unterbreiteten Vorschlägen gehörte der Heydrichs, die Juden an ihrer Kleidung zu kennzeichnen. Der kam nach dem Urteil Hitlers verfrüht, der diese Markierung untersagte. Eingeführt wurde sie zuerst im eroberten Polen und im Oktober 1941 im Reich.

Die Erfahrung des 9. November und der Haft in den Konzentrationslagern, dazu die Kette der antijüdischen Verordnungen, die auf den Pogrom folgte, ließ trotz der Schwierigkeiten, in ein anderes Land zu gelangen, die Zahl der Fliehenden noch einmal ansteigen. Die im Reich blieben, sahen sich immer mehr Schikanen ausgesetzt. Nachdem viele jüdische Schüler die staatlichen und kirchlichen allgemein bildenden Schulen schon verlassen hatten, wurde ihnen deren Besuch jetzt generell verboten. Kommunalverwaltungen bestimmten in vielen Städten Terrains, die Juden nicht zu betreten hatten. Untersagt wurden ihnen die Benutzung und der Besitz von Kraftfahrzeugen. Immer mehr Juden hatten ihre Wohnungen zu räumen und in Häuser umzuziehen, die sich in jüdischem Eigentum befanden und zunächst nicht »arisiert« wurden. Dort lebten sie auf engem Raum zusammengepfercht.

---

70 Verordnung vom 12. November 1938 betr. die Zahlung einer Kontribution von 1 Milliarde Reichsmark durch die Juden an das Deutsche Reich. Verfolgung, Vertreibung, Vernichtung, S. 180.

71 Verordnung vom 12. November 1938 betr. die Verurteilung der Juden zur »Wiederherstellung des Straßenbildes«. In: Verfolgung, Vertreibung, Vernichtung, S. 175.

Zu den weiteren Maßnahmen, welche Auswanderung und Flucht vorantreiben sollten, gehörte die Straffung der damit verbundenen Bürokratie. Insbesondere wurde die Prozedur der Ausreise von Gruppen jüdischer Kinder vereinfacht, die von ihren Eltern getrennt in die Emigration gingen. Eine staatliche Auswanderungsstelle für Juden koordinierte das Vorgehen, wobei die unerlässliche Beschaffung von Mindestbeträgen an Devisen den Faschisten die meisten Schwierigkeiten bereitete. Im Mai 1939 fand im Deutschen Reich eine Volkszählung statt, deren Zweck u. a. war, den verbliebenen Anteil der Juden zu ermitteln und auch den letzten zu erfassen. Nach den faschistischen Rassekriterien wurden 233.646 Personen als Juden registriert. Im Reich lebten demnach ohne das »Ostmark« genannte Österreich noch 213.900 Glaubensjuden und etwa 20.000 als »Rassejuden« eingestufte Personen. Die Zahl Glaubensjuden, die 1933 eine halbe Million betrug, hatte sich um 266.000 vermindert. Nicht alle waren ausgewandert. Einen Anteil daran machte der Sterbeüberschuss aus, das Ergebnis der verminderten Geburtenzahl. Zudem hatten 84.000 als Mischlinge und als so genannte Halb- und Vierteljuden eingestufte Personen im Reich ihren Wohnsitz, Menschen, denen Eltern oder Großeltern der jüdischen Glaubensgemeinschaft angehörten. Auch diese Zahlen spiegeln Hürden, die einem Entkommen ins Ausland im Wege standen.

Am 30. Januar 1939 beteiligte sich Hitler in seiner alljährlichen Rede[72] auch selbst an der Erzeugung jener Atmosphäre, die Juden bedeutete, dass sie alle Kräfte mobilisieren sollten, Deutschland zu verlassen. Wann immer die Faschisten die von ihnen verübten Repressionen und ihren Terror gegen die Juden rechtfertigten, stellten sie die als Antwort auf angebliche deutschenfeindliche Umtriebe des »internationalen Judentums« hin. In dieser Rede blies der »Führer« dieses Hirngespinst wieder gewaltig auf. Nach der dreist ablenkenden Methode des Stehlenden, der »Haltet den Dieb« ruft, behauptete er, die Juden wollten »noch einmal« – als seien sie die Urheber des Krieges von 1914

72 Kühnl, Quellen, S. 324 f.

bis 1918 gewesen – einen Weltkrieg beginnen. Sollte ihnen das gelingen, drohte Hitler, dann werde das »die Vernichtung de jüdischen Rasse in Europa« sein. Damit war klar, wem die Propaganda der Faschisten Ursache, Verantwortung und Schuld an dem Kriege zuschreiben würde, den sie vorbereiteten. Das würde, was immer im Einzelnen geschah, mit dem Tage eines Kriegsbeginns die Lebensbedingungen der deutschen Juden weiter verschlechtern. Das bisher Erlittene könnte dann nur als ein Vorspiel erscheinen. Die Idee, dass die Juden wie im August 1914 als Soldaten gebraucht werden würden, hatte sich schon 1935 mit ihrem Ausschluss aus der allgemeinen Wehrpflicht erledigt.

6. Zum Gipfel von Macht und Ansehen

1936 waren die vier Jahre noch nicht vergangen, in denen Hitler sein Rettungswerk an den Arbeitern und Bauern vollbracht haben wollte. Doch er war nicht gewillt, mit der Präsentation seiner Erfolge zu warten. Er nutzte er die alljährliche Ansprache am 30. Januar, um sich des Erreichten ungehemmt zu rühmen. Die Deutschen hätten bewiesen, dass sie ein anständiges, tatkräftiges und fleißiges Volk seien, und alle gegen sie gerichteten Verleumdungen widerlegt. Die Entwicklung sei durch Fortschritte in der Wirtschaft und auch auf dem Gebiet der Erfindungen gekennzeichnet, durch die Bautätigkeit, bei der Straßen und Wohnhäuser errichtet wurden. Was in dieses schöne Bild nicht passte, wurde weggelassen. Das war insbesondere die schon Ende 1935 sich verschärfende Krise in der Versorgung der Bevölkerung mit Lebensmitteln, wofür die Erzeugnisse der eigenen Landwirtschaft nicht hinreichten. Daran konnten auch Anstrengungen, die im November 1934 von Reichslandwirtschaftsminister Walther Darré als »Erzeugungsschlacht« ausgerufen worden waren und als deren Ziel die »Nahrungsfreiheit« bezeichnet wurde, nichts ändern. Devisenfinanzierte Einfuhr blieb notwendig. Sie musste 1936 sogar erweitert werden, obwohl die rare internationale Münze vorzugsweise zur Versorgung der Rüstungswirtschaft mit importierten Rohstoffen bestimmt war. Da die missliche Situation u. a. des Fehlens von pflanzlichen Ölen und Butter nicht zu leugnen war, trat Goebbels 1936 die Flucht nach vorn an und erklärte, man könne schon mal ohne Butter, jedoch nicht ohne Kanonen leben. Nicht anders Rudolf Hess in einer Rede am 11. Oktober 1936 im fränkischen Hof. Damit war en passant der Vorrang der Aufrüstung eingestanden. Die Parole »Kanonen statt Butter« müsse befolgt werden, aus Sicherheit für »die deutsche Mutter«, deren Kinder nicht »durch bolschewistische Banden »in einem unseligen Krieg … hingemordet werden« sollten.[73]

Doch was die Propaganda den Deutschen als Segnungen des Dritten Reiches pries, war keineswegs nur Beschönigung. Sie besaß Grundlagen und gewann damit Glaubwürdigkeit. Nach vier Jahren faschistischer Herrschaft, die auch als Jahre des ersten Vierjahresplans bezeichnet wurden, ließ sich sagen: Die Arbeitslosigkeit war stark zurückgegangen, es herrschte Mangel an Facharbeitern, die industrielle Produktion überstieg den Höchststand des Jahres 1929, der Warenverbrauch war im Inland dem Werte nach gestiegen. Was Millionen erschufteten, wurde als Resultat ihrer Anstrengungen und als das der genialen Planungen des »Führers« hingestellt. »Deutschland arbeitet« lautete eine der Parolen, ausgegeben mit der doppelten Berechnung, die Volksgenossen anzufeuern und dem Ausland zu versichern, dieses Land habe nichts gegen irgendjemanden im Sinn. Es wolle durch die einträchtige Arbeit seiner Bürger vorankommen. Parolen wie »Ehre der Arbeit« und »Arbeit adelt« nährten den permanenten Kult um das Werk der deutschen »Volksgemeinschaft«. 1936 wurde der »Leistungskampf der deutschen Betriebe« ausgerufen, und Hitler bestimmte am 29. August in einer Verfügung die Verleihung des Titels »Nationalsozialistischer Musterbetrieb«. Faschistenführer wie Göring und Goebbels erschienen nach Hitlers Vorbild in Großbetrieben und sprachen in Werkhallen vor Arbeitern und

---

73 Vgl. Dokumente zur deutschen Geschichte 1936–1939. Hg. v. Wolfgang Ruge / Wolfgang Schumann, u. Mitarb. v. Heide-Marie Grünthal, Berlin 1977, S. 33 f. (fortan Deutsche Geschichte 1936–1939).

Angestellten, von denen keiner seine Teilnahme noch verweigern konnte. Zahlreiche Gefolgsleute des Regimes schufen das sich zu hysterischen Zustimmungen steigernde Klima. Kapitaleigner taten dabei mit wie Gustav Krupp von Bohlen und Halbach, der nach einer Goebbels-Rede in seinem Werk in Essen das Siegheil auf den »geliebten Führer« ausbrachte.

Mit der Dauer seiner Existenz wuchs die Zahl der Nutznießer des Regimes. Dem kam zugute, dass viele Menschen auch kleine Veränderungen zum Besseren vor dem Hintergrund des Krisenelends begrüßten und als Auftakt zu größerem Wandel ihrer Lebensmöglichkeiten ansahen. Auch fehlte es nicht an neu geschaffenen Tatsachen, die den Machthabern Argumente zum Lobe ihrer Herrschaft lieferten. Großbauten wurden bestaunt und hoben das national geprägte Selbstbewusstsein. In Berlins Zentrum gehörten dazu früh das Gebäude für die Reichshauptbank und das für das Luftfahrtministerium, in München die 1937 eingeweihte Kunsthalle. 1936 war der Rügendamm in Betrieb genommen worden, der die Insel verkehrstechnisch mehrfach mit dem Festland verband, und bei Frankfurt der Rhein-Main-Flughafen. Ein nach Hindenburg benannter Großzeppelin absolvierte ebenfalls 1937 seinen ersten Flug in die USA. Die IG Farben AG produzierten Autoreifen aus Buna, das den natürlichen Kautschuk ersetzte und zum Programm gehörte, mit dem das Reich von Einfuhren und Devisenaufwendungen freigemacht werden sollte.

Die das Regime aufwertenden Großereignisse des Jahres 1936 aber waren ein politisches, die Remilitarisierung der Rheinlande, und ein sportliches, die olympischen Winter- und Sommerspiele in Garmisch-Partenkirchen, Berlin und Kiel. Am 7. März 1936 überquerten Truppen der jetzt Wehrmacht genannten Streitkräfte die Rheinbrücken bei Köln und Koblenz und rückten, einen Befehl des Kriegsministers[74] ausführend, in die bis dahin gemäß den Bestimmungen des Versailler Vertrages entmilitarisierte Zone im Westen des Reiches ein. Die war als ein Vorfeld vor der

74 Befehl des Generalfeldmarschalls Werner von Blomberg vom 2. März 1936. In: Deutsche Geschichte, 1936–1939, S. 22.

belgischen und der französischen Grenze in jenem Abschnitt geschaffen worden, über den das Kaiserheer im August 1914 in die Nachbarländer eingefallen war. Der Ablauf dieses eigenmächtigen und überraschenden Schritts deutscher Außenpolitik gab das Bild eines militärischen Schauspiels, das einer Parade. Musikkapellen wirkten mit, gaffende Tausende hatten sich an Straßenrändern eingefunden. Dabei war das Unternehmen nach dem Urteil der Machthaber nicht völlig ohne Risiko. Doch das hielt sich in Grenzen. Jede Gegenmaßnahme Frankreichs hätte die Unterstützung Großbritanniens vorausgesetzt. Die aber war, nachdem London sich nicht gegen die deutsche Flottenrüstung gesperrt und den Kurs der Zugeständnisse gewählt hatte, nicht zu erhalten.

Mit der Einrichtung von Garnisonen und weiteren militärischen Anlagen jenseits des Rheines hatte das Deutsche Reich innerhalb seiner Grenzen seine Souveränität wieder hergestellt und der »Führer« sich erneut als Politiker von Format und Entschlusskraft erwiesen. Der Protest des Völkerbundes ließ sich zu den Akten legen. Jetzt wurde nicht mehr wie in Republikzeiten end- und ergebnislos verhandelt, sondern gehandelt. Wenige Wochen später folgte eine Volksabstimmung, deren Ergebnis mit nahezu 99 Prozent Zustimmung zur Regierungspolitik bekannt gegeben wurde. Die nächsten Schritte zur Korrektur des Friedensvertrages würden nicht mehr die Innenpolitik betreffen, sondern Deutschlands Außengrenzen. Da musste sich zeigen, ob die westeuropäischen Großmächte bereit waren, der Konkurrenz den Weg zu verlegen.

Dass dem Deutschen Reich 1932 die Ausrichtung der Olympischen Winter- und Sommerspiele des Jahres 1936 übertragen worden war, erwies sich als ein unbeabsichtigtes Geschenk an die neuen Machthaber. Kräfte im Ausland, die unter Verweis auf Konzentrationslager und Judenverfolgungen dafür eingetreten waren, die Spiele nicht im faschistischen Reich stattfinden zu lassen, vermochten sich nicht durchzusetzen. Und die Veranstalter ließen sich die Gelegenheit einer in das Inland wie an das Ausland gerichteten Großreklame nicht entgehen. Sie standen nicht an zu versichern, dass jüdische Sportler nicht diskriminiert oder ausgeschlossen werden würden. Kein Aufwand wurde gescheut, tausenden Besuchern ein friedliches, weltoffenes und seinen Wohlstand mehrendes Land fröhlicher Menschen vorzuführen, das alle seine Gäste freundlich empfing. Im Winter kamen Athleten aus 28, im Sommer aus 49 Staaten, was einen Rekord bedeutete. Hitler stellte sich mehrmals im Berliner Olympiastadion, dem Zentrum der Wettkämpfe, ein, mit dessen Bau 1934 begonnen und das mit den Spielen eröffnet worden war.

Dass die deutschen Sportler im Sommer die USA, was vordem nie geschehen war, vom ersten Platz der Medaillengewinner verdrängen konnten, lieferte zusätzlichen Stoff, Deutschland und die Deutschen als die Größten darzustellen und nationalem Hochmut reichlich Nahrung zu geben. Jeden Sieg, der bei internationalen Wettkämpfen, die als sportlich galten, von einem Deutschen errungen wurde, stellte die Propaganda groß und lautstark heraus. So den von Max Schmeling in den USA gegen den bis dahin ungeschlagenen Joe Louis errungenen oder die Geschwindigkeitsweltrekorde des Autorennfahrers Rudolf Carraciola. Er und seine Konkurrenten Manfred von Brauchitsch, Hans Stuck und Bernd Rosemeyer waren so etwas wie Helden der Nation. Mit ihren und weiteren Erfolgen wie den von Deutschen ebenfalls 1937 erzielten Höhen- und Streckenweltrekorden bei Hubschrauberflügen wurden die Technikbegeisterung vor allem der Jugend verstärkt und das Selbstbild der Nation zu jenem Überlegenheitsgefühl verdichtet, mit dem junge Deutsche 1939 massenhaft siegesgewiss in den Krieg zogen.

Zugleich wirkte die Veranstaltung der Olympischen Spiele mehr denn alle wortreichen Beteuerungen als ein Beweis für die friedlichen Absichten der Regierung. Deren Mitglieder stellten sich auf den Tribünen des Sportfeldes, die 100.000 Zuschauer fassten, ein. Dort ließen sich wieder Bilder inszenieren, die ihre Vorgänger in Republikzeit nie abgegeben hatten. Sie präsentierten sich, so wenig die verfettete Führungsgruppe des Reiches, Göring, Sauckel, Ley, Julius Streicher, Martin Mutschmann, auch je mit dem Sport zu tun hatte, als dessen begeisterte Anhänger. Der erfuhr namentlich unter Kindern und Jugendlichen eine Förderung, deren Sinn sich mit seiner bevorzugten Kennzeichnung als

»Körperertüchtigung« erschloss. Hitler, der Vieles, aber jedenfalls nie ein Sportsmann war, hatte deren Ziel in einer Rede vor Tausenden auf dem Nürnberger Parteitagsfeld angetretenen Hitlerjungen im September 1935 in der Losung formuliert: »Hart wie Stahl, zäh wie Leder und flink wie die Windhunde«. So sollten die Herangewachsenen sein, wenn sie zur Ausbildung in die Wehrmacht eingezogen wurden. Dort hatten sie, nach einem ebenfalls 1936 ergangenen Erlass nicht mehr ein, sondern zwei Jahre zu »dienen«.

Nur zehn Tage nach dem Ende der ein friedliches Deutschland repräsentierenden Spiele unterbreitete Hitler am 26. August 1936 im Führungszirkel eine Denkschrift über den (zweiten) Vierjahresplan[75]. Seine geheim gehaltenen Ziele waren unumwunden formuliert: »I. Die deutsche Armee muss in vier Jahren einsatzfähig sein. II. Die deutsche Wirtschaft muss in vier Jahren kriegsfähig sein.« Die Begründung dafür lautete, Deutschland sei »übervölkert«, und es sei die Aufgabe des Staates, dagegen durch »Erweiterung des Lebensraumes« eine »endgültige Lösung zu schaffen«. Diese Denkschrift, so kommentierte Göring sie in einer Ministerratssitzung nur wenige Tage später, »geht von dem Grundgedanken aus, dass eine Auseinandersetzung mit Russland unvermeidlich ist.«[76] Öffentlich setzte eine propagandistische Dauerkampagne ein, die den Plan jedoch nicht als Vorbereitung des Eroberungskrieges, sondern als Weg zum Wohlstand der Volksgemeinschaft darstellte. In einer publizierten Ansprache Görings war Klartext darüber geredet, dass sich die Betriebe in eine Art Kaserne verwandeln sollten. »Der deutsche Arbeiter« müsse einsehen, »dass er nur dann … den Plan des Führers unterstützt, wenn er arbeitet, arbeitet und immer wieder arbeitet, wenn … Ruhe in den Betrieben ist, und wenn geschafft wird vom Morgen bis zum Abend«.[77] Die in die wahre Zielsetzung des Plans

75 Deutsche Geschichte 1936–1939, S. 30 f.

76 Sitzung vom 4. September 1936. In: Deutsche Geschichte 1936–1939, S. 31 f.

77 Deutsche Geschichte 1936–1939, S. 35 f.

eingeweiht waren, konnten sich das Weitere leicht errechnen. In Hitlers Kopfe existierte als Jahr, in dem der Krieg begonnen werden sollte, 1940. Bis dahin sollte ein Rüstungsvorsprung erreicht sein, der den Sieg jedenfalls über die UdSSR sicherte. Der Anteil der Aufwendungen für die Wehrmacht an der Summe öffentlicher Investitionen, der 1933 23 Prozent und in Reichsmark 720 Millionen betragen hatte, erhöhte sich 1936 auf 68 und 1938 auf 74 Prozent und betrug dann absolut 15.500 Millionen Reichsmark. Die waren aus Steuern, durch Kredite und nach der Methode aufgebracht, die, wie Göring empfahl, Friedrich II. angewendet hatte, der ein »scharfer Inflationist« gewesen sei.[78] Dieser Vierjahresplan verhieß vor allem den Rüstungskonzernen Riesengeschäfte mit dem Staat und entsprechende Profite. Also taten deren Chefs das Ihre, selbst für das Unternehmen Vierjahresplan Reklame zu machen und es voranzutreiben. Carl Krauch, Vorstandsmitglied der IG Farben AG, Frankfurt a. M., sprach sich vor dem Generalrat des Vierjahresplans am 28. April 1939 für einen Beitrag aus, der »eine rasche Kriegsentscheidung durch Vernichtungsschläge gleich zu Beginn der Feindseligkeiten« ermögliche, was die Anlegung von riesigen Vorräten an Pulver und Sprengstoff erfordere.[79] Wilhelm Zangen, Generaldirektor der Mannesmann-Röhrenwerke AG Düsseldorf, sagte in einem Vortrag vor Betriebsführern am 12. Mai, sie seien stolz, dass der Führer ihre Mitwirkung gewürdigt habe, und würden ihre Anstrengungen steigern, zumal der »Nationalsozialismus die schöpferische Unternehmerpersönlichkeit nicht nur anerkannt, sondern »entscheidend in den Wirtschaftsaufbau eingespannt« habe.[80]

78 Niederschrift über die Sitzung des Ministerrates am 4. September 1936. In: Deutsche Geschichte 1936–1939, S. 31.

79 Deutsche Geschichte 1936–1939, S. 115 f.

80 Vortrag »Die Aufgaben des Betriebsführers und Gefolgsmannes in der nationalsozialistischen Wirtschaft« vor der 3. Reichstagung des Fachamtes Eisen und Metall der DAF, in: Deutsche Geschichte 1936–1939 S. 116 ff.

Zur Erhöhung des Ansehens des Regimes im vierten Jahr seiner Existenz trug auch bei, was es als Erfolge seiner Außenpolitik präsentierte. Da war bis dahin wenig vorzuweisen. Eine Ausnahme machte der 1934 mit Polen abgeschlossene Nichtangriffsvertrag, den die deutschen Machthaber als Zeugnis vorwiesen, dass sie etwas zu Wege gebracht hätten, was keiner Regierung der Republik gelungen sei. Mit dem Vertrag hatte die Regierung in Warschau der in Berlin nur Gelegenheit gegeben, ihre Friedfertigkeit und Verträglichkeit zu beteuern, und selbst nichts erhalten. Denn die Grenzfragen waren nach wie vor offen und aus den Verhandlungen ausgespart geblieben.

Hitler selbst hatte keine Anstrengungen unternommen, sich auf diplomatischem Parkett außerhalb des Reiches zu präsentieren. 1934 besuchte er Italien. Das sollte seine einzige ins Ausland führende Reise bleiben, bis er 1939 und 1940 als Sieger in Warschau und Paris erschien und sich 1942/43 mehrfach in das Hauptquartier der Wehrmacht nahe Winniza in die Ukraine begab. Er traf sich in Venedig mit Mussolini. Vereinbarungen über besondere Beziehungen der beiden faschistischen Staaten waren bei dieser Gelegenheit jedoch nicht getroffen worden. Denen stand entgegen, dass Italien für die Souveränität Österreichs bürgte und nicht entschieden hatte, wessen Unterstützung seinen imperialistischen Plänen auf dem Balkan und in Afrika günstiger sein werde. Zwei Jahre später gehörten diese Hindernisse der Geschichte an. Mussolini prägte in einer Rede am 1. November 1936 das dann viel benutzte Bild von der »Achse Berlin–Rom«.[81], Sie entstand, nachdem Deutschland Italien wirtschaftlich beistand, was nötig geworden war, weil der Völkerbund gegen das Land wegen seines gegen Abessinien geführten Krieges Boykottmaßnahmen verhängt hatte. So besaß die Annäherung der beiden faschistischen Regime ihre Wurzel in einem Krieg und in den Eroberungsplänen ihrer Machthabenden.

---

81 Pressemitteilung über einen Besucht des italienischen Außenministers Graf Galeazzo Ciano in Deutschland vom 26. Oktober 1936. In: Deutsche Geschichte 1936–1939, S. 34.

Das gleiche galt für den Antikominternpakt vom 25. November 1936[82], den das Reich und Japan schlossen. Sie vereinbarten, sich über die Tätigkeit der Komintern zu unterrichten und weitere Staaten in diesen Verbund einzubeziehen. In einem geheimen Zusatzabkommen, das die Situation eines unprovozierten Angriffs der UdSSR auf einen der beiden Staaten unterstellte. Sie versicherten sich gegenseitig, dann keine Maßnahme zu ergreifen, die in irgendeiner Weise die Sowjetunion unterstützen würde. Trete dieser Fall ein, würden sie sich über ihre Schritte verständigen. Der Nutzen, den das faschistische Reich aus diesem Pakt zog, bestand zum einen darin, dass selbst sein nichtssagender publizierter Teil doch den Eindruck von Deutschlands vorrangiger Frontstellung gegen die Sowjetunion unterstrich und damit diejenigen Politiker in Großbritannien bestärkte, die darauf setzten, die Gelüste der deutschen Eroberer gegen Osten richten und also von sich weglenken zu können. Zum anderen konnte der Vertrag zum Einstieg in ein Militärbündnis mit dem fernen Partner werden. Das jedoch kam nie zustande. Der erste Staat, der sich dem Bündnis zugesellte, war 1937 Italien.

Dieses fünfte Jahr der faschistischen Diktatur unterschied sich von allen vorauf gegangenen dadurch, dass es in seinem Verlauf zu keinem spektakulären Ereignis kam, durch das das In- oder das Ausland besonders aufgescheucht, die »Volksgenossen« besonders erfreut oder erschreckt worden wären. Propagandistisch aufgemacht und ausgebeutet vollzogen sich die üblichen Rituale der NSDAP und des Staates am 30. Januar, der mit der Hitler-Rede vor dem faschistischen Reichstag begangen wurde, am 24. Februar, der als Tag der Parteigründung im Jahre 1920 galt, am 9. November, an dem in München mit einem Marsch zur Feldherrnhalle an den 1923 gescheiterten Putsch erinnert wurde, dazu die reichsweit veranstalteten Demonstrationen zum 1. Mai und schließlich im September der Aufmarsch- und Kundgebungsmarathon des Reichsparteitages in Nürnberg. Auf diese Weise wurden tausende Anhänger des Regimes zusammen- und

82 Handbuch der Verträge, S. 282.

in Bewegung gehalten. Weitere Zehntausende waren, namentlich am 1. Mai angesichts von Kontrollen, genötigt, den Aufrufen zur Teilnahme zu folgen und mitzumachen.

Die größte Teilnehmerzahl erreichte das 1933 zum ersten Mal veranstaltete Reichserntedankfest, das am Bückeberg bei Hameln stattfand. Dorthin wurde 1937 mehr als eine Million Bauern aus dem ganzen Reichsgebiet mit Eisenbahnzügen herangeschafft. Sie hörten eine Rede Hitlers und sahen sich durch militärische Vorführungen der Wehrmacht unterhalten, die ein »Meckererdorf« eroberte. Keine andere Kundgebung, denn deren Masse bildeten nicht herbei befohlene uniformierte Faschisten, sondern Bauern, viele in ihren Trachten, gab dem »Führer« eine gleiche Gelegenheit, sich so volksnah zu zeigen. 1935 fragte er in seiner Ansprache: »Wo ist der Staatsmann, wo ist das Staatsoberhaupt, das so durch sein Volk gehen kann, wie ich durch euch hindurchgehe?« Und 1937 sagte er, ohne das Verlangen nach Kolonien hier ausdrücklich zu benennen: »Glauben Sie: Wir stehen schwereren Aufgaben gegenüber als andere Staaten und andere Länder: zu viele Menschen auf einem zu kleinen Lebensraum, es mangelt an Rohstoffen, mangelt an Anbaufläche, und trotzdem: Ist Deutschland nicht schön? Ist Deutschland nicht trotzdem wunderbar? Lebt unser Volk nicht trotzdem so anständig? Mögen Sie alle mit irgendetwas anderem tauschen?« Darauf folgte dann das vieltausendstimmige »Nein« der Versammelten. Kein anderer bürgerlicher Staat mit Ausnahme Italiens konnte seine Massenbasis so zur Schau stellen wie das faschistische Deutschland. Dazu ergab sich in mehreren deutschen Städten 1937 ein weiterer Anlass, als Mussolini Hitler einen Gegenbesuch abstattete. In den Städten, in denen er erschien, wurde der Tag für arbeitsfrei erklärt. An den Straßenrändern sammelten sich Zehntausende. Seine Autofahrten begleitete der Ruf »Duce! Duce!« Sie feierten einen Mann, der zu denen gehört hatte, die1915 für die Frontstellung Italiens gegen die Mittelmächte eingetreten waren. Zu dessen Besuchsprogramm gehörte die Inspektion von Militärmanövern in Mecklenburg.

Die Dinge gingen insgesamt aber 1937 ihren unaufgeregten Gang, an den Deutsche wie Ausländer sich mehr oder weniger gewöhnt hatten. Im Innern des Landes schritt der Aufbau des polizeilichen Terrorapparates fort. Permanent wurden Nachrichten über Verhaftungen und Gerichtsprozesse verbreitet. Sie trafen Kommunisten wie Sozialdemokraten und auch bürgerliche Hitlergegner und solche aus der Minderheit beider christlicher Kirchen, die sich den Regimeinteressen nicht anpassten. Meldungen teilten gefällte Todesurteile und deren Vollstreckung mit. Die Zahl der Konzentrationslager wurde um ein weiteres vermehrt, Buchenwald auf dem Ettersberg bei Weimar.

Und: das Land bereitete sich erkennbar auf einen Krieg vor. Im Westen des Reiches entlang der französischen und belgischen Grenze entstand ein System aus Bunkern, Panzersperren, Gräben, Drahtverhauen und weiteren militärischen Anlagen, der Westwall. Mit dessen Bau war bald nach der Rheinlandbesetzung 1936 begonnen worden. Er dehnte sich von der niederländischen bis zur schweizerischen Grenze. So entstand vis-a-vis der Maginot-Linie, die die Franzosen aufgrund ihrer Weltkriegserfahrungen in den Jahren von 1930 bis 1936 im Wesentlichen errichtet hatten, eine ähnliche deutsche Befestigungslinie. Sie ergab nur einen Sinn, wenn die militärischen Pläne von einem Zweifrontenkrieg ausgingen, den Deutschland zunächst im Osten offensiv führen werde. Während dieser Zeitspanne sollten die Gegner im Westen am Vordringen auf deutsches Territorium gehindert oder, und besser überhaupt, von einem Kriegseintritt abgeschreckt werden. Einen solchen Zweifrontenkrieg stellte die am 24. Juni 1937 ergangene »Weisung für die einheitliche Kriegsvorbereitung der Wehrmacht«[83] auch in Rechnung. Den könnte Deutschland, wie es in einer Ergänzung noch 1937 hieß, durch einen Angriff auf die Tschechoslowakei eröffnen, sobald es dazu hinreichend gerüstet wäre.

Die Deutschen mussten derlei Papiere nicht kennen, um tagtäglich wahrzunehmen, dass sich ihr Land auf einen Krieg einstellte und von ihnen verlangt wurde, ihr Verhalten im Kriege zu trainieren. Das machten ihnen die Einberufungen zur Wehrmacht

83 Deutsche Geschichte 1936–1939, S. 52f.

ebenso klar wie die zunehmende Zahl von Wehrmachtsmanövern in der Nähe ihrer Wohnorte und der Kasernen-, Flugplatz- und Westwallbau. In Städten fanden Luftschutzübungen statt, bei denen eigens errichtete Sirenen heulten. Die Dachböden mussten entrümpelt werden, um Brandbomben weniger Nahrung zu liefern. Zum Kauf der »Volksgasmaske«, die 5 Reichsmark kostete, wurde aufgefordert. Und unausgesetzt wuchs die Zahl derer, die in ihren Arbeitsstätten Waffen und anderes Kriegsgerät produzierten.

Wie lebten und fühlten sich die Deutschen in dem sich hochrüstenden Staat, im in Hitlers Worten schönen Deutschland? Die schwerwiegendste Veränderung die in den vier Jahren eingetreten war, bestand in der faktischen Beseitigung der Arbeitslosigkeit.1933 hatte es 12,1 Millionen beschäftigte Arbeiter und Angestellte gegeben, deren Zahl war bis September 1937 auf 19, 6 Millionen hochgeschnellt. Zwischen April und September 1937 sank die Zahl der Arbeitsuchenden weiter von 961.000 auf 469.000, halbierte sich also. Von den Verbliebenen war nur etwa die Hälfte als »voll einsatzfähig« registriert. Nicht mehr die Einstufung als Unterstützungs-. Krisen- oder Wohlfahrtsempfänger beschäftigte die Arbeitsämter. Sie wurden Einrichtungen der Arbeitskräftelenkung. Sie beorderten Arbeitsuchende dorthin, wo sie nach den Maßstäben von Politik und Militär am dringendsten gebraucht wurden. Sie hatten den Eintritt in berufsfremde Tätigkeit zu verhindern, wenn der erlernte Beruf zu den nicht hineichend besetzten gehörte. Sie organisierten Umschulungen, vor allem um den Mangel an Metallarbeitern zu mindern. Sie suchten Verluste durch Fluktuation einzudämmen, die großenteils durch die Suche nach besser bezahlter Arbeit verursacht wurde, zumal die Chancen dafür mit der Konkurrenz um Facharbeiter wuchsen. Die Betriebe fanden Wege, den verordneten Lohnstopp zu umgehen und durch besondere Vergütungen oder Vergünstigungen Arbeitskräfte anzulocken. Mit immer neuen generellen und Sonderregelungen suchte die Wirtschaftsbürokratie die Effektivität der deutschen Wirtschaft zu steigern. Die zweite Aufgabe der staatlichen Wirtschaftslenkung bestand darin, die Verteilung knapper Rohstoffe zu reglementieren und ihre Vorratshaltung und Verwendung zu kontrollieren. Die Liste des Rationierten war lang. Obenan standen Eisen und alle Nichteisenmetalle, Holz, Baustoffe, Textilien, Leder, Papier. Um ihre Zuteilung wurden bürokratische Kämpfe ausgefochten und Beziehungen gepflegt. Nächst der direkten Rüstung besaßen jene Arbeiten Vorrang. die sich auf Einfuhrersparnisse u. a. von Erdöl und Naturfasern richteten. Vorangetrieben wurde der Bau von Hydrier- und Zellstoffwerken, in die auch mit dem Blick auf denkbare Kriegsblockaden investiert wurde.

Den Deutschen machte ihr Lebensalltag bis in ihre Küchen und Kochtöpfe klar, dass die Aufrüstung die Wirtschaftspolitik beherrschte. Manche Nahrungsmittel fehlten ganz, andere wurden in verschlechterter Qualität produziert, was vor allem Mehl und Brot betraf. Es begann die faktische Rationierung des Butter- und Fettverbrauchs. Verschiedenste Ersatzstoffe gelangten in den Handel. Die Befolgung der Devise »Esst mehr Fisch« sollte von der Lücke im Fleischangebot weglenken, die als Folge gesenkter Kraftfuttereinfuhren eingetreten war. Auf die »deutsche Hausfrau« prasselte ein propagandistisches Dauerfeuer nieder. Sie war die Zentralfigur im »Kampf dem Verderb«. Richtiges Verhalten beim Umgang mit Lebensmitteln wurde unter die Losung gestellt »Wir alle helfen dem Führer!« So genanntes Altmaterial, das als noch verwendungsfähig galt, sammelten Schüler und Gruppen der Hitlerjugend. Dort wurde gesungen: »Lumpen, Knochen, Eisen und Papier, ausgeschlagene Zähne sammeln wir«, mancherorts mit der Ergänzung »Onkel Hermann (das meinte Göring) braucht den Kram für den Vierjahresplan«.

Als der schwächste Punkt der deutschen Wirtschaft würde sich vom ersten Tage eines Krieges an, verstärkt durch die Einziehung junger Bauern und Landarbeiter zur Wehrmacht, jedoch die Landwirtschaft erweisen. Trotz aller Anstrengungen war es nicht gelungen, die Landflucht zu stoppen. Elende Wohnverhältnisse, die Schwere der Arbeit, kärgliche Löhne und die Tristesse des Lebens in vielen Dörfern, dazu verlockende Arbeitsangebote in der Industrie veranlassten vor allem Angehörige der jüngeren

Generation, in Städte abzuwandern. Mit Verordnungen ließen sich die Abgänge nicht durchgreifend stoppen. Also wurden junge Städter unter Anwendung verschiedener Druckmittel und verbunden mit Versprechen für ein oder zwei Jahre zur Landarbeit verpflichtet, Arbeitslosen drohte Unterstützungsentzug, wenn sie der Zuweisung auf Guts- und Bauernhöfe nicht Folge leisteten. In grenznahen Gebieten verdingten sich Österreicher und Tschechen bei Bauern. Ab 1938 nahm die Zahl der als Saisonarbeiter in Landwirtschaft und Industrie, u. a. im Bergbau, dauernd beschäftigten Italiener zu, die vielfach mit ihren Familien einreisten. Dennoch mussten Wehrmacht, SA, Angehörige weiterer NS-Organisationen, der Reichsarbeitsdienst (RAD) in Arbeitsspitzenzeiten auf Felder kommandiert werden. Es brauchte keine Hellsicht um zu erkennen, dass im Kriegsfall Militärgefangene und aus okkupierten Gebieten herbei befohlene Zivilarbeiter unverzüglich die Lücken schließen mussten.

Was wirkten diese Beobachtungen und Erfahrungen auf die deutsche Bevölkerung? Sie lernte ein Leben unter Staatsregie, unter einem in ihren Alltag reichenden Dauerzwang kennen und sich mit Verzicht und verschiedensten Einschränkungen abfinden. Sie wurde dosiert für den Krieg trainiert und so – zweitens – gedanklich auf ihn eingestellt. Und dennoch weigerte sie sich, daran zu glauben, dass es wirklich und bald Krieg geben werde, geschweige denn, dass sie auch nur eine entfernte Vorstellung davon besaß, was er sein und ihnen bringen werde. Zu den sozialen Wirkungen gehörte – drittens – als Folge der weit gefächerten Löhne eine Differenzierung im Leben der Arbeiter und – viertens – eine noch stärkere zwischen den Reichen und den ärmeren Volksschichten. Denn mit dem Mangel stiegen die Preise. Die im November 1936 dagegen ergriffenen Maßnahmen der Regierung erwiesen sich wie üblich als löcherig. Mit dem nötigen Geld ließ sich erwerben, was der Handel selten oder offen überhaupt nicht mehr anbot.

Mit dem Blick in das Deutsche Reich nach vier und fünf Jahren faschistischer Diktatur lässt sich fragen, warum sich in der Bevölkerung nicht mehr Ablehnung und Widerwille geltend machte. Denn das Bild, das sich Heinrich Mann im französischen Exil von Deutschland und den Deutschen machte, war schlicht falsch.[84] Er nannte das Regime »verfault« und »innerlich schwach« und prophezeite, dass ihm die Soldaten in einem Krieg weglaufen würden. Auch die außerhalb Deutschlands verbreitete Vorstellung, dass die Massengefolgschaft ein Produkt des Wirkens *allein* von Terror und Demagogie sei, ließ andere Faktoren außer Acht.

Die Eindrücke und Erfahrungen, die dieses Regime vermittelte und die, gewiss in Verbindung mit einer gewieften, vor keinem Betrug zurückschreckendenden Propaganda, spontane Prozesse der Ideologiebildung in Gang setzten, waren widersprüchlich und keineswegs durchweg negativ. Der wirtschaftliche Wandel war nicht ohne materielle Konsequenzen für Teile der im Arbeitsprozess Stehenden geblieben. Zu Verzicht und Bescheidenheit erzogen, erfreuten sie sich selbst geringfügiger Verbesserungen ihrer Lebenssituation und genossen sie. Dieses bescheidene Plus wurde durch Negativa wie Einkommensverluste durch Kurzarbeit, die eine Folge von Rohstoffknappheit war, durch Lebensmittelmangel, Preissteigerungen, Wohnungsnot, verschärft durch den Rückgang der Bautätigkeit für zivile Zwecke, nicht vollends aufgewogen, zumal sie die Volksmasse in unterschiedlichem Grade betrafen und ihre Differenzierung beförderten,

Arnold Zweig hat in einem Artikel, den er Anfang 1936 verfasste und dem er die Überschrift »Auf der Schwelle des 4. Kriegsjahres«[85] gab, über diese Widersprüche geschrieben, dass Deutschland »unter Herrn Hitler zum Raum der unbegrenzten Möglichkeiten im Scheußlichen, Bizarren und Absurden aufgerückt« sei. Dann aber fuhr er fort: »dabei blieb es ein Land, dessen Außenseite und dessen Mechanik derjenigen seiner Nachbarländer zum Verwechseln ähnelt: mit herrlichen Fahrplänen, trefflichem Telephon, harmlosen Warenhäusern, ungewöhnlicher Hygiene, holdem Tierschutz und dem Pathos des Ideals.«

84 Heinrich Mann, »Der heimliche Krieg« von Anfang 1937. In: Deutsche Geschichte 1936–1939, S. 48 f.

85 Deutsche Geschichte 1936–1939, S. 9 f.

Zudem verstanden es die Machthaber, Millionen das Bewusstsein zu vermitteln, sie würden dieses kommende nationalsozialistische Deutschland mitgestalten. Das war ihnen schon vor ihrem Machtantritt gelungen, als sie die SA-Männer glauben machten, sie würden für eine große und heilige Sache kämpfen. Und jetzt wurden die »Volksgenossen« zu einer Kampagne nach der anderen gerufen: zur Arbeits- und zur Erzeugungsschlacht, zum Mitmachen beim »Kampf dem Verderb« und beim Zusammentragen von Altmaterial oder bei den Geld- und Sachsammlungen für das Winterhilfswerk. Sie sollten zur Besserung der Ernährungslage Kleintiere halten und Bienen züchten, andere wieder Maulbeerbäume anbauen und sich in der Seidenraupenzucht betätigen. Staat und Partei riefen und beschäftigten sie unausgesetzt. Das empfanden die einen als lästig, andere hingegen als Ausdruck dafür, dass man ja gebraucht werde. Und derlei ging mit Wettbewerben und Belobigungen einher.

7.
Zwei Stufen zum Kriege

In einem im April 1937 publizierten Artikel hatte der in der französischen Emigration lebende Heinrich Mann, ein Aktivist für den Zusammenschluss aller deutschen Antifaschisten gegen das faschistische Regime: »Gegen wen bereitet das Regime der Nazis zuerst und zuletzt seinen Krieg vor?«[86] Das zu wissen, sei wirklich die Hauptsache. Ob der »Führer« das zu diesem frühen Zeitpunkt selbst schon unumstößlich entschieden hatte, ist fraglich. Jedoch war es kein Geheimnis mehr, dass die expansiven Begierden der deutschen Machthaber sich als erstes auf Österreich und die Tschechoslowakei richteten. Dazu musste man nicht die am 24. Juni 1937 gegebene »Weisung für die einheitliche Kriegsvorbereitung der Wehrmacht« des Kriegsministers kennen, in der mehrere »wahrscheinliche Kriegsfälle« erfasst und erörtert wurden.

---

86 Aus dem Artikel Heinrich Manns »Der heimliche Krieg«, Anfang April 1937. In: Deutsche Geschichte 1936–1939, S. 49.

Der Krieg im Osten wurde darin als Ergebnis des Angriffs einer feindlichen Mächtekoalition dargestellt. Selbst in derart geheimen Dokumenten wurde auf propagandistische Vernebelung nicht verzichtet. Ein solcher Krieg. hieß es dann, »könne mit einer überraschenden deutschen Operation gegen die Tschechoslowakei beginnen«. In ihm würden Frankreich und Russland Deutschlands Gegner und zu bekämpfen sein. Die Wehrmacht habe sich darauf vorbereiten, mit allen Kräften »schnell, überraschend und mit stärkster Wucht in die Tschechoslowakei« einzubrechen, deren Armee zu zerschlagen und Böhmen und Mähren zu besetzen. Dieser »strategische Überfall« habe den Staat für den weiteren Kriegsverlauf völlig auszuschalten und dessen Gebiet der russischen Luftwaffe als Operationsbasis zu entziehen. Die Autoren dieses Szenarios gingen also noch immer von der Konstellation aus, die sich mit den Bündnisverträgen zwischen Paris, Prag und Moskau vom Mai 1935 abgezeichnet hatte.

Hitler legte seine Vorstellungen von Deutschlands Weg in den Krieg etwa vier Monate später, am 5. November 1937, einem kleinen Kreis – dem Kriegsminister, den Oberbefehlshabern der so genannten drei Wehrmachtsteile, Heer, Luftwaffe und Kriegsmarine – und in Anwesenheit des Reichsaußenministers dar. Da war das Verhältnis des Reiches und seiner Streitkräfte zum Krieg schon nicht mehr nur eine Frage der Erörterung eines gedachten Falls, der sich in einer noch zu bestimmenden Zukunft ereignen könne. Die Wehrmacht und nicht nur sie war seit 1936, wenn auch uneingestanden, an einem Krieg beteiligt, dem spanischen Bürgerkrieg. Während Soldaten der Marine und Luftwaffe gegen die Verteidiger der spanischen Republik kämpften, zielten wirtschaftliche Boykottmaßnahmen[87] auf deren Schwächung und Niederlage. Die Wehrmacht sammelte auf der Pyrenäen-Halbinsel Kriegserfahrungen und erprobte u.a. ihre in den Heinkel- und Junkerswerken gebauten Flugzeuge. Die kommandierenden deut-

87 Rundschreiben der Wirtschaftsgruppe Elektroindustrie vom 15. Juli 1937 über den »Handelsverkehr mit Spanien«, Deutsche Geschichte 1936–1939, S.53.

schen Generale berieten den Putschistenführer Franco über die nächsten Ziele und die geeigneten Methoden der Kriegführung und erklärten deren Beachtung zur Bedingung dafür, dass sie ihre Rolle spielten.[88] Als sich die Spitzen der deutschen Wehrmacht am besagten 5. November beim »Führer« einstellten, hatte die Luftwaffe die ersten Kriegsverbrechen schon begangen, verübt mit dem Angriff auf das baskische Städtchen Guernica im April 1937, und eben noch fünf Tage vorher, als die westkatalanische Stadt Lleida bombardiert und 221 ihrer Bewohner getötet wurden, unter ihnen 48 Schüler eines Lyzeums.

Hitler machte sich vor diesem Zirkel nicht die Mühe[89], eine künftige Bedrohung oder einen Angriff von Gegnern zu beschwören, sondern bekannte seinen Vorsatz, das Reich in einen Krieg zu führen. Doch verzichtete er auch diesmal nicht darauf, die Mär vom deutschen »Volk ohne Raum« zu bemühen und zu prophezeien, dass ohne Landgewinn die Deutschen herunter- und verkommen würden. Das zu verhindern, müssten Kolonien erobert werden, und zwar vor allem im direkten geographischen Anschluss an das Reich, also im Osten des Kontinents. Das sei »zweckmäßiger« als der Gewinn überseeischer Territorien.

Auf den gewünschten Verlauf der schrittweise gedachten Eroberungen eingehend, bezeichnete er es als erstes Ziel, »die Tschechei und gleichzeitig Österreich niederzuwerfen«. Sie müssten als Kriegsgegner und Verbündete anderer Mächte ausgeschaltet werden, und das nicht allein aus militärstrategischen Gründen. Beide Länder würden, vertriebe man aus ihnen etwa 3 Millionen Menschen, für Deutschlands ernährungspolitische Lage einen Gewinn darstellen. Durch »Angliederung der beiden Staaten an Deutsch-

88 Aus der Weisung des Kriegsministers und Oberbefehlshabers der Wehrmacht, Generalfeldmarschall Werner von Blomberg für Admiral Wilhelm Canaris und Generalleutnant Hugo Sperrle vom 30. Oktober 1936. In: Deutsche Geschichte 1936–1939, S. 36 .

89 Niederschrift über die Besprechung in der Reichskanzlei am 5. November 1937, angefertigt von dem Adjutanten der Wehrmacht bei Hitler in dessen Eigenschaft als deren Oberbefehlshaber. In: Kühnl, Quellen, S. 289-293.

land« ließen sich zudem die eigenen Streitkräfte vermehren und die deutsche Auslandsgrenze verkürzen. Wann das Unternehmen, das stets risikobehaftet sei, beginnen würde, sei von der internationalen Situation abhängig. Es müsse jedoch, weil sonst sich die Lage zuungunsten Deutschlands ändern würde, spätestens 1943/45 eröffnet werden, sollte Frankreich aber am Eingreifen gehindert sein, auch schon 1938. Zwei der Teilnehmer, der Kriegsminister von Blomberg und der Oberbefehlshaber des Heeres Generaloberst Werner Freiherr von Fritsch, widersprachen in dieser Runde nicht dem Kriegs-, wohl aber dem Zeitplan Hitlers. Sie machten auf die Grenzbefestigungen der Tschechoslowakei aufmerksam und vertraten den Standpunkt, dass Großbritannien und Frankreich aus einem solchen Krieg herausbleiben müssten. Die Szene sollte sich nicht wiederholen. Fritsch verlor seinen Posten ein Vierteljahr später an General Walther von Brauchitsch. Schon vier Tage vorher hatte Blomberg den seinen verlassen. Das Ministerium wurde kassiert und an dessen Stelle das Oberkommando der Wehrmacht gesetzt, dessen Oberbefehl Hitler selbst übernahm.

Was am 5. November 1937 als erstes Ergebnis eines Krieges gegen deutlich schwächere Gegner gedacht war, hatten die faschistischen Machthaber keine anderthalb Jahre später erreicht, ohne dass ein einziger Schuss gefallen war. Zuerst zog Hitler im März 1938 in Wien ein, der nur Stunden vor ihm einmarschierten Wehrmacht auf dem Fuße folgend. Er war schon auf den Anfahrtsstraßen von der bayerischen Grenze her immer wieder begrüßt und bejubelt worden. In der eben noch österreichischen Hauptstadt angekommen, verkündete er vor einer teilweise in Ekstase und Hysterie versetzten Menschenmasse, die sich auf dem Heldenplatz versammelt hatte, die »Heimkehr« seiner Heimat ins Reich, die alsbald und dann auch in der Historiographie als »Anschluss« bezeichnet wurde.

»Heimkehr«, das war wie auch das benutzte »Wiedervereinigung« ein Euphemismus. Österreich hatte nie zum 1871 gegründeten Deutschen Reich gehört Das war nach Otto von Bismarcks Plan gerade unter Ausschluss des Vielvölkerstaates, der Habsburger Monarchie, geschaffen worden. Nun wurde die Auslöschung des Staates, der 1919 als Rest des einstigen Riesenreiches gebildet worden war, eines Mitglieds des hilflosen Völkerbundes, als weiterer Schritt zur Verwirklichung des Programms ausgegeben, alle Deutschen in einem Reich zusammenzuführen. Die Österreicher galten als Deutsche. Später ist von ihrem damaligen Zustand gesagt worden, sie seien schon auf dem Wege gewesen, eine eigene Nation zu werden, sie hätten es nur noch nicht gewusst.

Die Bilder von Hitlers Einzug in Österreich bezeugten jedenfalls keinen Gewaltakt, wiewohl zeitgleich mit den deutschen Truppen auch die Geheime Staatspolizei Himmlers und Heydrichs an der Donau eintraf, gefolgt von Adolf Eichmann, dem Koordinator der Judenverfolgungen, die in Wien augenblicklich brutal einsetzten. Kommunisten und Sozialdemokraten brauchten die neuen Machthaber nicht mehr zu illegalisieren. Dies hatten die Konservativen in der österreichischen Regierung im Februar 1934 schon getan. Sie hatten Gegner in so genannten Anhaltelagern inhaftiert, deren bekanntestes sich in Niederösterreich in Wöllersdorf befand. Die deutschen Faschisten richteten im August 1938 in Mauthausen bei Linz ein Konzentrationslager mit der Bestimmung ein, dort »Ostmärker«, wie die Österreicher jetzt hießen, gefangen zu setzen.

Die ersten, die mit den politischen Gegnern des »Anschlusses« Opfer des Sieges der österreichischen Faschisten wurden, waren die vor allem in Wien lebenden Juden. Ein Strom von Emigranten suchte daraufhin Wege über die Grenze in die benachbarte Schweiz und so den brutalen Verfolgungen zu entkommen. Er schwoll stärker noch an als jener, der fünf Jahre zuvor aus dem »Altreich«, wie Deutschland in seinen bisherigen Grenzen nun auch genannt wurde, in die Nachbarländer führte. Das neue Staatsgebilde wurde das »Großdeutsche Reich« getauft. Sein Entstehen verschaffte dessen Führern und namentlich Hitler ein beispielloses Hoch an Popularität, das nur einmal noch erreicht werden sollte, nach dem Sieg in Frankreich 1940. Auf der Woge aus Hochstimmung und Begeisterung fand im April 1938 eine Volksabstimmung statt. Alte und neue »Volksgenossen« bekundeten mit dem Stimmzettel ihr Ja zum »Anschluss«. Sie lieferten den Machthabern ein weiteres Mal einen Zahlenbeweis für die unausgesetzt betonte Einheit von Führer und Volk.

Was hatte den Coup des 12./13. März ermöglicht? Ein Bündel von Faktoren. Österreich, das 1918 als Republik gegründet wurde, hatte diesen Charakter fünfzehn Jahre später verloren. Es wurde von Politikern einer reaktionären vaterländischen Front regiert, denen es an einer Basis in der Bevölkerung fehlte. Das ermutigte einheimische Faschisten 1934 nach der blutigen Niederschlagung der österreichischen Arbeiterbewegung zu einem Putsch, der rasch scheiterte. Die Berliner Machthaber distanzierten sich von dem zur Unzeit unternommenen Staatsstreich ihrer Gesinnungsgenossen, ohne sich von ihrem Plan zu verabschieden, Österreich zu liquidieren. Dessen Regierende suchten die Stellung des Staates durch Bündnisse mit Italien und Ungarn zu stabilisieren, womit sie scheiterten. Und sie leisteten im Innern Vorarbeit für Hitler, indem sie die Kräfte verfolgten, die am entschlossensten die österreichische Souveränität verteidigten, die linken Parteien.

Hinzu kam die emotionale Befindlichkeit von Teilen der Bevölkerung. Die einstigen Angehörigen der führenden Nation in einem Vielvölkerreich von europäischem Gewicht konnten sich schwer damit abfinden, Bürger eines Kleinstaates geworden zu sein, der in Europas Politik kaum etwas zählte. Als der liquidiert wurde, an seine Spitze ein »alter Kämpfer« Hitlers gesetzt wurde, der Land und Leute zuvor nie gesehen hatte, als seine Länder sich in Reichsgaue verwandelten und der Name Österreich ausgelöscht wurde, krähte nach ihm buchstäblich kein Hahn.

Hitler stellte an die Spitze seiner Eroberung, ausgestattet mit dem Titel eines Reichskommissars für die Wiedervereinigung Österreichs mit dem Reich, den NSDAP-Gauleiter der Saarpfalz, Josef Bürckel, der sich bereits bei der »Rückgliederung des Saarlandes« einschlägig bewährt hatte. Unverzüglich begannen Eigentümer und Manager großer deutscher Unternehmen, so der Krupp-Konzern und die IG Farben AG, dazu Banken und Handelsunternehmen aus dem Reich, sich in Österreich, wo sie vordem vielfach schon etabliert waren, auf Beutesuche zu begeben und vor allem auch sich über das jüdische Eigentum im Lande herzumachen. Es begann die rasche Eingliederung des österreichischen Industriepotential in den Vierjahresplan und der Werke von rüstungswirtschaftlicher Bedeutung in das Aufrüstungskonzept. Doch die oberste politische Führungsgruppe hielt sich bei den Maßnahmen zur »Gleichschaltung« nicht auf, geschweige denn, dass sie sich auch nur begrenzte Zeit saturiert gezeigt hätte. Sie konnte sich durch das komplikationslose Gelingen des »Anschlusses« in ihrer Außenpolitik nur ermutigt fühlen und beschleunigte das Tempo ihrer Provokationen. Für die und deren Reihenfolge existierte ein klar umrissener Plan. In der am 26. August 1938 im Reichsaußenministerium gefertigten Version sollte auf die Einverleibung des von den Sudetendeutschen bewohnten Gebiets der Tschechoslowakei deren vollständige Liquidierung folgen, und dann wäre »Polen an der Reihe«.[90]

Dem lag die Erkenntnis zugrunde, dass das in der Sprache der Diplomaten »aktuellste Problem deutscher Politik« nicht durch einen Einmarsch der Wehrmacht oder eine kriegerische Aktion behoben werden könnte. Diktiert war den deutschen Machthabern ein schrittweises Vorgehen. Den Türöffner sollte ihnen die starke, an den Rändern Böhmens und Mährens lebende deutsche Minderheit abgeben. In ihr hatte sich mit der Sudetendeutschen Partei (SdP), die faktisch ein Außenposten der reichsdeutschen NSDAP war, eine politische Kraft formiert, die in der Minderheit wachsenden Einfluss gewann. Von Berlin aus verdeckt geführt, traten die sudetendeutschen Faschisten zunächst mit Forderungen hervor, die sich auf das Leben der Deutschen innerhalb der Tschechoslowakei bezogen. Sie operierten mit Parolen wie »Gleichberechtigung« und »Selbstbestimmung«. Doch steigerten sie ihre Forderungen anfänglich schon bis zum faktischen Anspruch auf die Behandlung dieses Landesteils als autonomes, von Deutschen nicht nur bewohntes, sondern auch von ihnen regiertes Gebiet. Die Reichsregierung hielt sich in dieser Frühphase des vom Führer der SdP Konrad Henlein geschürten Konflikts

90 Interner Bericht des Auswärtigen Amtes für den Reichsaußenminister Joachim von Ribbentrop. In: Deutsche Geschichte 1936–1939, S. 84f.

zurück. Auch die deutsche Presse erhielt entsprechende Weisungen. Doch ab Mai und Juni 1938 wurden die Angriffe gegen die tschechoslowakische Regierung unausgesetzt verschärft. Sie sei ein Vorposten des Bolschewismus in Europa, zwinge die in der Tschechoslowakei ansässigen Deutschen zu einer Haltung gegen das Reich, betreibe eine Politik der wirtschaftlichen Verelendung der Sudetengebiete, um deren Bewohner dem Kommunismus zuzutreiben. Kein Argument war zu dumm und zu dreist, um nicht zum Zwecke der Aufhetzung gegen den Nachbarstaat eingesetzt zu werden, eine antitschechische Stimmung zu erzeugen und eine Begründung für das unaufschiebbare rettende Eingreifen des Reiches zugunsten der angeblich verfolgten »Brüder und Schwestern« zu liefern. Im September hieß es dann in der Nazipresse wie vom Propagandaministerium angewiesen, dass ein friedliches Zusammenleben von Deutschen und Tschechen nicht vorstellbar sei. Am 19, September lief die Instruktion schon nicht mehr nur auf die Forderung hinaus, die Grenzgebiete loszutrennen und dem Reich einzuverleiben. Das Bild, das vom Nachbarland und seiner Zukunft gegeben wurde, lautete nun: »Dieser Staat ist eine Schande für Europa. Er muss von der Bildfläche verschwinden, erst dann wird Friede sein.« Spätestens diese Texte, die ja, wie jedermann klar war, angesichts der Presselenkung und -zensur nicht dem Hirn eines einzelnen Journalisten entsprungen sein konnten, hätten in Paris und London Alarmglocken läuten lassen können. Die aber blieben stumm. Dort griffen Politiker, um im Bilde zu bleiben, zu Friedensschalmeien.

Das Weitere gehört zu dem noch nach Generationen bekanntesten diplomatischen Handstreich in Europas Vorkriegsgeschichte. Auf einer Konferenz in München, zu der sich die Regierungschefs am 29. September 1938 trafen, vereinbarten Deutschland, Italien, Frankreich und Großbritannien, vertreten durch ihre Regierungschefs Édouard Daladier, Neville Chamberlain, Mussolini und Hitler, eine schiedlich-friedliche Lösung der von den deutschen Machthabern bis zur terminierten Kriegsdrohung gesteigerten Krise. Über die Prager Regierung hinweg vereinbarten sie, dass die Tschechoslowakei die von Deutschland verlangten

Gebiete unverzüglich preiszugeben und zu räumen habe.[91] Das bedeutete mehr als eine bloße Amputation. Was übrig blieb, war die Ruine eines Staates, zumal sich die slowakischen Separatisten formierten und Polen und Ungarn ebenfalls Expansionsgelüste stillten. Auf drei Seiten vom faschistischen Deutschland eingekreist, war dieser fest in dessen Hand. Seine Lebensdauer wurde in der Berliner Reichskanzlei entschieden.

Der britische Ministerpräsident verkündete hingegen seinen Landsleuten, nach London zurückgekehrt, er bringe ihnen »Frieden für unsere Zeit«. Viele glaubten ihm das erleichtert. Nicht anders in Paris. Es kam nicht zu bedeutenden Äußerungen internationaler Solidarität mit der vergewaltigten Tschechoslowakei. Die direkt Betroffenen blieben meist sich selbst überlasen. Das waren die Tschechen und Juden, die in den nun dem Reich einverleibten Gebieten gewohnt hatten, dazu die deutschen Emigranten, die 1933 dort Zuflucht gefunden hatten. Eine sozialdemokratische Stimme aus jenen Tagen wertete das Geschehen als »den ersten großen Sieg Deutschlands in dem zweiten Weltkrieg«. Der habe »mit der Vernichtung der Tschechoslowakei« begonnen.[92]

Die faschistischen Machthaber sahen das Erreichte als nicht mehr denn den ersten Schritt zur Liquidierung des Nachbarstaates an. Sie bilanzierten ihre Erfahrungen. In den Wochen, da die Sprache der deutschen Propaganda gegenüber der Tschechoslowakei immer aggressiver geworden war und Hitler den Nachbarstaat schließlich vor die Frage Krieg oder Frieden gestellt hatte, bemächtigte sich Millionen deutscher »Volksgenossen« das Gefühl und auch die Furcht, es werde zu einem Kriege kommen. Das registrierten die Beobachter der Geheimen Staatspolizei und fassten am Jahresende die damals existierenden Stimmungen aus dem Rückblick kritisch und nicht unbesorgt zusammen: Im Volke habe es »in den entscheidenden Stunden des Septembers … angesichts der Möglichkeit eines kriegerischen Konflikts fast in allen Schich-

91 Das Münchener Abkommen, Handbuch der Verträge 1871–1964, S. 293 f.

92 SOPADE-Berichte, 3. Jg., Nr. 9, S. 1016.

ten aus der Sorge um das persönliche Geschick einen Heißhunger nach Informationen« gegeben. Da den die eigene Presse nicht befriedigt habe, hätten sich Millionen mit solchen bei ausländischen Quellen versorgt. Das sei mit einer bedenklichen Lockerung des Vertrauens in die eigene Presse (und den eigenen Rundfunk) und mit Gerüchtebildung und defätistischer Stimmungsmache einhergegangen. »In weiten Kreisen des Volkes rückte an die Stelle der rücksichtslosen Vertretung des Rechts und der Ehre der Nation der Wunsch nach Erhaltung des Friedens um jeden Preis.« Diese Erfahrung wurde sorgsam ausgewertet, auch durch Hitler. Der kam auf sie Wochen später zu sprechen, am 10. November 1938, als er in einer in München gehaltenen Rede vor einigen hundert Mitarbeitern der faschistischen Presse die Strategie künftiger Bearbeitung und Ausrichtung der Volksmeinung entwickelte. Zunächst schrieb er sich an diesen Friedenswünschen der »Volksgenossen« einen Anteil zu. Er habe aus außenpolitischen Rücksichten jahrelang – er behauptete jahrzehntelang – von den Friedensabsichten seiner Regierung sprechen müssen. Das habe bedenkliche Seiten gehabt und dazu führen können, dass sich »in den Gehirnen vieler Menschen die Auffassung festsetzt, dass das heutige Regime an sich identisch sei mit dem Entschluss und dem Willen, den Frieden unter allen Umständen zu wahren.«

Doch verband sich mit den Erfahrungen der Krise auch, dass die besorgten Stimmungen in der Bevölkerung vom Regime durchaus beherrscht wurden, Sie waren für das Geschehen ohne Einfluss geblieben. Aufregung und Unruhe hatten sich mit der Münchener Konferenz rasch gelegt, wenn auch, so die Beobachter, noch nicht alle Folgen des Vertrauensschwundes beseitigt wären. Jedoch waren diese Stimmungen nirgendwo in auch nur passive Verhaltensweisen umgeschlagen. Die Wochen der so genannten »Tschechenkrise« hatten erwiesen, dass die in den antifaschistischen Kreisen des Exils verbreiteten Vorstellungen über die Stimmungen der Deutschen und die daran geknüpften Erwartungen und Voraussagen von der Wirklichkeit weit entfernt waren. Dazu gehörten die schon erwähnte Prophezeiung Heinrich Manns, dass die Soldaten diesem Regime in einem Kriege »weglaufen« würden (April 1937). Nicht anders ein Zukunftsblick des Ausschusses zur Vorbereitung der deutschen Volksfront, der ebenfalls aus dem April 1937 stammt, wonach sich gegen die Rüstungslasten Kräfte des Widerstandes »immer stärker regen« würden. In einer Erklärung vom 8. August 1938 hatte es das ZK der KPD offenkundig für realistisch gehalten, dass die Massen Hitler wissen lassen müssten, dass seine Kriegspläne »auf den erbitterten Widerstand des Volkes« stoßen würden.[93] Und eine Beratung deutscher Antifaschisten in Paris konstatierte am 22. September 1938, dass es zwischen Hitlers Politik und dem »wahren Willen des Volkes« den schärfsten Gegensatz gebe.[94] Nichts dergleichen hat die Machthaber auf dieser zweiten Stufe zum Kriege, dem Angriff auf die Tschechoslowakei beunruhigt. Diese Gewissheit erst hatte Hitler in seiner Sportpalast-Rede[95] vom 26. September, drei Tage vor dem Treffen in München, so reden lassen, wie in keiner Ansprache als Reichskanzler zuvor. Zum ersten Mal hatte er unverhohlen einem Staat mit Krieg gedroht. Das sollte kein Unikat bleiben.

Der Vorsatz, die jetzt so genannte Rest-Tschechei zu liquidieren, an der der »Führer« angeblich, wie er versichert hatte, nicht mehr interessiert sei, wurde gefasst, als eben drei Wochen seit der Viererkonferenz in München vergangen waren. Zu den Aufgaben, die Hitler in einer Weisung vom 21. Oktober 1938[96] der Wehrmacht stellte, gehörte, dass sie jederzeit auf die Aufgabe »Erledigung der Rest-Tschechei« vorbereitet sein müsse. Vor deren Ausführung dürfe es keine besondere Mobilisierungsphase geben, »Organisierung, Gliederung und Bereitschaftsgrad der dafür vorgesehenen Verbände sind schon im Frieden derart auf

---

93 Aufruf des ZK der KPD »Alles für die Verteidigung der Sowjetunion! Alle für die Verteidigung des Friedens. In: Deutsche Geschichte 1936–1939, S. 83 f.

94 Aufruf »An die Völker der demokratischen Länder!«. In: Deutsche Geschichte 1936–1939, S. 86 f.

95 Deutsche Geschichte 1936–1939, S. 87 f.

96 Deutsche Geschichte 1936–1939, S. 94,

Überfall abzustellen, dass der Tschechei selbst jede Möglichkeit planmäßiger Gegenwehr genommen wird.« Das Land müsse rasch besetzt und gegen die Slowakei abgeriegelt werden. Nach dieser Weisung wurde am 15. März 1939 vorgegangen. Die Überraschung gelang. Die Wehmacht marschierte in das Land ein, ohne auf Widerstand zu stoßen. Dessen Streitkräfte hatten zuvor Befehl erhalten, sich den Eindringenden nicht entgegenzustellen. Das wiederum war auf eine Weisung der Prager Politiker zurückzuführen, die Hitler in einem Akt nackter Erpressung zur Kapitulation gezwungen hatte. Dazu waren der tschechoslowakische Staatspräsident Emil Hacha und der Außenminister Frantisek Karel Chvalkovsky nach Berlin geladen worden. Unter der Drohung mit einem Krieg und dem Bombardement tschechischer Städte stimmte Hacha der Preisgabe des souveränen Staates und seiner Verwandlung in ein »Protektorat« des Deutschen Reiches zu[97], in dem ihm die Hoheit über die Verwaltung versprochen wurde, eine Zusage, die für das Leben der Tschechen wertlos blieb. Die erlebten am gleichen 15. März die einziehenden deutschen Wehrmachtstruppen in Prag. Sie sahen diesmal an den Straßenrändern andere Bilder als Jahre zuvor in Saarbrücken und Köln, dann vor Jahresfrist in Wien oder zuletzt in dem inzwischen zur Hauptstadt des Sudetengaus erklärten Reichenberg/Liberec. Ohnmächtig und wütend sangen Tschechen ihre Nationalhymne »Kde domov muj« (Wo ist meine Heimat, mein Vaterland?).

An die Spitze des am 16. März durch einen Regierungserlass[98] proklamierten »Protektorats Böhmen und Mähren«[99] wurde ein Reichsprotektor gesetzt. Die Wahl Hitlers fiel auf den bereits am 4. Februar 1938 auf eigenes Verlangen aus seinem Amt als Außen-

97 Niederschrift der Besprechung des tschechoslowakischen Staatspräsidenten Emil Hacha und des tschechoslowakischen Außenministers Karel Chvalkovsky mit Adolf Hitler u.a., am 15. März 1939, Deutsche Geschichte 1936–1939, S. 108.

98 Deutsche Geschichte 1936–1939, S. 109.

99 Erlass Hitlers vom 16. März 1939, Wortlaut: Handbuch der Verträge, S. 299 f.

minister entlassenen und durch Joachim von Ribbentrop ersetzten Konstantin Freiherr von Neurath. Der nahm seinen Dienstsitz auf der Prager Burg. Dieser nahezu beiläufige Ablauf des im Grund dramatischen Geschehens, das eine Folge von München war, wurde den Prager Politikern, die freilich als Kapitulanten dastanden, diktiert. Der Kleinstaat hatte keine Aussicht, dass ihm von außen Hilfe kommen werde. Seine Politiker besaßen faktisch keine Alternative mehr, wollten sie die tschechische Armee nicht in ein binnen Stunden erledigtes aussichtsloses Unternehmen stürzen. Das bedeutet freilich nicht, dass sie sich den Eroberern als eine eigene »Verwaltung« zur Seite und zur Verfügung stellen mussten, was Hacha, wenn auch am Ende nur noch symbolisch, bis 1945 tat.

Die in der Erklärung für diesen zu Tage liegenden Schritt deutscher Expansionspolitik gegebene Begründung bezeugte, dass Hitlers Dreistigkeit und Unverfrorenheit inzwischen Schwindel verursachende Höhen erreicht hatte. Demnach sei das deutsche Volk durch seine Größe und seine Eigenschaften, wie es in tausend Jahren Geschichte bewiesen habe, »allein berufen«, eine vernünftige mitteleuropäische Ordnung zu schaffen. Dieser Anspruch sollte bald auch auf die »Ordnung« Osteuropas ausgedehnt werden.

Dass eine Mehrheit der Reichsdeutschen Hitlers Höhenflug in die Geschichte folgte, ja ihn überhaupt zur Kenntnis nahm, geschweige denn, als Ausdruck eines keine Wachstumsgrenze kennenden Größenwahns wahrnahm, kann bezweifelt werden. Sie war vom Marsch nach Prag überrascht und es war ja wieder einmal gut gegangen. Ein gewisses Unwohlsein hatte sich, folgt man den Berichten der sozialdemokratischen Beobachter und Analytiker vor Ort, in allen Kreisen de deutschen Bevölkerung verbreitet. Da doch jeder wusste, dass in den jetzt besetzten Gebieten nicht Deutsche, sondern Tschechen wohnten, wurde gefragt, wen wir uns da eigentlich und mit welchen Folgen ins Land geholt haben.[100] Zutage lag, dass Hitler ein Versprechen gebrochen hatte,

100 SOPADE-Berichte, 6. Jg. 1939, Nr. 3, S. 286.

das weltöffentlich erst Monate vorher gegeben worden war. Dass die gegenüber der Tschechoslowakei praktizierte Politik auf die Dauer gut gehen und sich also so fortsetzen lassen werde, glaubte kaum jemand. Alles Weitere würde von der Haltung Großbritanniens abhängen, ohne das Frankreich sich Deutschland nicht konfrontieren werde. Viele Deutsche besaßen demnach eine klare Vorstellung davon, wer des Reiches künftige Kriegsgegner sein würden. Die erwartete Konstellation erinnerte sie an den Weltkrieg und daran, dass und wie sie ihn verloren hatten. Siegesaussichten billigten sie der Wehrmacht aufgrund dieser Erfahrungen nur in einem kurzen Krieg zu. Doch ahnten sie nicht, wie nahe sie jenem unwiderruflichen Schritt schon waren. Und das, obwohl die antipolnische Munitionierung der Deutschen, noch mit taktisch bedingten Unterbrechungen, bereits vor dem Marsch nach Prag eingesetzt hatte. Doch insgesamt hielt die Unruhe sich in Grenzen. Sie blieb vor allem für das Verhalten der Deutschen wieder folgenlos. Dazu trug bei, dass die Liquidierung der Tschechoslowakei in den Hauptstädten der Westmächte kein starkes Wort und keine Geste des Protestes auslöste. Nur aus Moskau ging in Berlin die Erklärung ein, dass die UdSSR die Annexion nie anerkennen werde.

Doch die Szene in Europa war mit diesem Schritt der deutschen Außenpolitik in einer Weise verändert worden, die ihre Konturen erst durch die Reaktionen nicht nur der Großmächte erhalten musste. Der Münchener Vertrag jedenfalls gehörte in die Archive, die Kabinette in London und Paris standen vor den Scherbenhaufen ihrer Politik und hatten sie gegenüber Deutschland neu zu bestimmen. Die englische Regierung beschloss, das Tempo der Rüstungen zu erhöhen, und führte die allgemeine Wehrpflicht ein. Am 31. März 1939 gaben Großbritannien und Frankreich eine Garantieerklärung zugunsten Polens ab, die allerdings nicht die Unversehrtheit von dessen Staatsgebiet einschloss, also noch Verhandlungen über die Veränderung des Verlaufs der deutsch-polnischen Grenze zuließ.

Hitler musste kein Hellseher sein, um zu erkennen, dass ein Kapitel seiner Expansionspolitik abgeschlossen war. In der sich anschließenden, von ihm um Polen verursachten Krise erklärte er den Wehrmachtsgeneralen: »An eine Wiederholung der Tschechei ist nicht zu glauben. Es wird zum Kampf kommen.«[101] Das freilich schloss bis zum 3. September 1939, als Frankreich und Großbritannien dem »Dritten Reich« nach dessen Überfall auf Polen den Krieg erklärten, im Zirkel der Machthaber Spekulationen und Hoffnungen nicht aus, die Großmächte im Westen könnten sich vielleicht doch erneut zu Zugeständnisse bereit zeigen.

8.
»Danzig ist nicht das Objekt«

Der Tag, an dem Prag von der Wehrmacht besetzt, die Tschechoslowakische Republik liquidiert und deren Westteil dem Großdeutschen Reich einverleibt wurde, bezeichnet den Schritt über die Schwelle in jene Zeitspanne europäischer Geschichte, die zur direkten Vorgeschichte des Zweiten Weltkrieges wurde. Sie dauerte nicht länger als ein knappes halbes Jahr. Nicht, dass da schon alle Chancen vertan gewesen wären, den Europäern den Frieden zu erhalten. Doch im Grunde waren sie auf eine einzige zusammengeschrumpft. Es musste den Machthabern in Berlin bedeutet werden, dass sie, sollten sie einen weiteren Staat des Kontinents angreifen, auf die ihnen weit überlegene Gegenwehr verbündeter europäischer Großmächte stoßen, also deren Kriegserklärungen erhalten würden. Unterhalb dieser Drohung waren die Groß- und Weltmachtbesessenen um Hitler nicht zu zügeln. Das Projekt, mit dem sich das erreichen ließ, musste nicht erfunden werden. Es hatte einen Namen: Politik der kollektiven Sicherheit. Schon einmal war der Versuch gemacht worden, es auf den Weg zu bringen, 1935, als sich ein politischer Verbund zwischen der UdSSR, Frankreich und der Tschechoslowakei herauszubilden begann.

---

101 Niederschrift über die Besprechung Adolf Hitlers mit Befehlshabern und hohen Offizieren der drei Wehrmachtsteile (»Schmundt-Bericht«). In: Deutsche Geschichte 1936–1939, S. 120.

Den hatten die Politiker in London boykottiert. Und dann hatten sich von ihm auch die in Paris abgewendet und sich auf den Kurs des Appeasements, den der Befriedigung des Aggressors, begeben, der nach München führte.

Bestand jetzt, nach den Erfahrungen und Ergebnissen dieses 15. März 1939, das Münchner Abkommen war zerrissen und die Regierenden in Großbritannien und Frankreich gezwungen, einen Ausweg aus dem Bankrott ihrer Europapolitik zu suchen, nicht doch Aussicht, diese Politik zu reanimieren? Der sowjetische Außenminister Maxim Litwinow machte augenblicklich den Versuch, das zu ergründen und die führenden Politiker der am Frieden interessierten Staaten an einen Verhandlungstisch zu bringen. Der Versuch scheiterte binnen kurzem. Eine gemeinsame Antwort auf den Gewaltstreich, dessen Opfer Millionen Tschechen geworden waren, unterblieb. Stattdessen entschlossen sich die Regierungen der beiden Großmächte in Westeuropa, dem osteuropäischen Staat, der nun als der am stärksten von deutsch-faschistischen Eroberungsgelüsten bedroht schien, ihren Beistand zu versichern. Denn kaum war aus der Sicht der deutschen Machthaber die Tschechoslowakei »erledigt«, forderten sie Danzig und exterritoriale Verkehrsverbindungen von Pommern nach Ostpreußen durch polnisches Staatsgebiet. Am 31. März gab der britische Premier Chamberlain darauf auch im Namen Frankreichs vor dem Parlament die erwähnte Garantieerklärung zugunsten Polens ab. Der Schritt war auch durch das innenpolitische Interesse bestimmt, den Unmut über das Debakel der Befriedungspolitik zu mildern. Auf dieser Linie lagen ähnliche Erklärungen zugunsten von Rumänien und Griechenland, die am 13. April erneut vor dem Unterhaus folgten. Mehr Entschlossenheit sprach aus der am 21. Mai verkündeten Einführung der allgemeinen Wehrpflicht. Der Wert der Garantieversprechen für die drei ost- bzw. südosteuropäischen Staaten ließ sich freilich nach den Erfahrungen der Tschechen in Frage stellen. Zudem dauerte es noch bis in den August und September, bis Großbritannien und Frankreich eine verbindliche militärische Beistandsverpflichtung zugunsten Polens eingingen. Der zufolge sollte spätestens am

15. Kriegstage zur Entlastung der polnischen Armee eine Offensive über die deutsch-französische Grenze eröffnet werden. Das blieb ein Versprechen, das nicht eingelöst wurde.

Hitler hatte auf das Garantieversprechen am 28. April in einer Reichstagsrede mit der Bekanntgabe der Kündigung des deutsch-polnischen Nichtangriffsvertrages von 1934 und des deutsch-britischen Flottenabkommens von 1935 geantwortet und auch dadurch gezeigt, dass er die Zeit für Verhandlungen und Verträge im Hinblick auf seine Forderungen an Polen für beendet ansah. Das hinderte ihn nicht, in den folgenden Monaten mehrfach Verständigungsbereitschaft zu heucheln. Diese Taktik war allein durch das Interesse diktiert, nicht als der am Krieg Schuldige zu erscheinen.

Und die deutschen Volksgenossen? Der Einzug der Wehrmacht in Prag hatte in deutschen Landen keinen zustimmenden Jubel ausgelöst. Das wurde von vielen doch als ein anderer Schritt empfunden als die vorauf gegangenen: der Einmarsch in Saarbrücken nach der verstrichenen Frist von dessen Zugehörigkeit zu Frankreich, dann der in Wien und schließlich in das zum Sudetenland gehörenden Reichenberg/Liberec. Das waren Blumenfeldzüge gewesen. Die Fotografien von den Tschechen an den Straßenrändern Prags zeigten hingegen Menschen, deren Gesichter und Gesten ohnmächtige Wut und Hass ausdrückten. Und die Propaganda, wonach alte Reichslande wieder in deutschen Besitz genommen würden, überzeugte nicht. Dieses Land war von Tschechen bewohnt, und noch vor Monaten hatte Hitler mit Bezug darauf gesagt, er wolle gar keine Tschechen. Wie der Sicherheitsdienst berichtete, hatten selbst manche Journalisten regionaler Blätter Schwierigkeiten, ihren Lesern eine plausible Rechtfertigung dieses »Anschlusses« an das Reich zu geben. Bis in liberale Kreise von Regimekritikern werde »von imperialistischen Bestrebungen des Nationalsozialismus« gesprochen.[102] Die Deutschen, so die gleiche Quelle, interessierten sich gegenwärtig

102 1. Vierteljahrsbericht 1939 des Sicherheitshauptamtes, Bd. 1. In: Meldungen aus dem Reich, Bd. 2, S. 215 f.

aber vor allem für die vielen Ereignisse der europäischen Außenpolitik, das Ende des Bürgerkriegs in Spanien, Italiens Griff nach Albanien und weitere. Die sich anbahnende Krise in den deutsch-polnischen Beziehungen schien indessen noch niemanden zu beunruhigen. Dabei waren die Daten für den Krieg gegen den östlichen Nachbarn schon bestimmt.

Es waren nach der Liquidierung der Tschechoslowakischen Republik keine drei Wochen vergangen, und Hitler erließ am 11. April 1939 die »Weisung für die einheitliche Kriegsvorbereitung der Wehrmacht für 1939/40«[103], deren Inhalt die Vorbereitung eines Überfalls auf Polen war. Auch in diesem Text wurde das Vorhaben noch als die Abwehr einer Bedrohung getarnt, und es wurde für möglich gehalten, den Krieg gegen den Nachbarstaat im Osten zu isolieren. Als Tag des Angriffsbeginns wurde der 1. September 1939 genannt. Einen weiteren Monat später hatte sich Hitler bereits in Details des Feldzuges hineingearbeitet. Er verlangte, während der Kriegshandlungen die polnisch-oberschlesische Industrie zu schonen, da sie von kriegswirtschaftlicher Bedeutung sei. Es ging also keineswegs um Danzig und den Zugang nach Ostpreußen allein. In öffentlicher Rede log Hitler weiter, dass es ihm allein darum und um nichts sonst zu tun sei. Nach seinem »Wir wollen gar keine Tschechen« konnte er schwerlich glauben, dass dies noch ein ausländischer Politiker ernst nahm. Diese Erklärungen waren mehr für die »Volksgenossen« bestimmt.

Am 23. Mai 1939 sammelte der »Führer und Oberste Befehlshaber« einen ausgesuchten Kreis von Generälen und Generalstäblern um sich, um ihnen ihre nächsten Aufgaben zu erläutern. In der Ansprache sagte er nach der Aufzeichnung eines Teilnehmers[104] unumwunden, »Danzig ist nicht das Objekt, um das es geht.« Die Eroberungen osteuropäischer Gebiete – Polen und das Baltikum wurden genannt – seien unerlässlich, um die

---

103 Deutsche Geschichte 1936–1939, S. 112f.

104 Nach den Aufzeichnungen des Chefadjutanten der Wehrmacht bei Hitler, Oberstleutnant Rudolf Schmundt. In: Deutsche Geschichte 1936–1939, S. 119f.

Ernährung von 80 Millionen Deutschen für alle Zukunft zu sichern. An diesem Tage bezeichnete es Hitler noch als Bedingung eines Überfalls auf Polen, dass es nicht zur gleichzeitigen Auseinandersetzung mit Frankreich und England, also nicht zu einem Zweifrontenkrieg käme. Doch schloss er auch da schon die Möglichkeit nicht vollkommen aus, dass es die Wehrmacht mit Gegnern in Ost und West zu tun bekäme. Jedenfalls konnte kein Teilnehmer des Treffens daran zweifeln, dass sich eines noch nicht bestimmten Tages der Krieg im Westen an den gegen Polen anschließen sollte.

Deutschlands Eiltempo in den Krieg besaß schwerwiegende Folgen für seine Wirtschaft und die in ihr Arbeitenden. Zwar war die Arbeitslosigkeit in Deutschland faktisch beseitigt, so dass deren Erfassung im März 1939 ganz eingestellt wurde und die Ämter sich darauf konzentrierten, Arbeitskräfte in jene Betriebe zu lenken, deren Produktion als staatswichtig galt. Angesichts des nun eingetretenen Mangels an Arbeitskräften, vor allem an Facharbeitern, wurden die gesetzlich erlaubten Arbeitszeiten zum Teil extrem verlängert und das auch für Frauen. Die Zahl der Überstunden nahm zu. Das galt auch für Schwerstarbeiter wie Bergleute. Die Arbeitsplatzwahl war aufgehoben. Kündigungen wie Einstellungen bedurften der Genehmigung von Aufsichtsbehörden. So wurden Arbeitende an den Plätzen festgehalten, die auf der staatlichen Prioritätenliste obenan standen. Gleichzeitig jagten sich Unternehmen durch Angebote von Spitzenlöhnen Facharbeiter ab. Das suchte der Staat zu unterbinden, worauf Betriebseigner wiederum mit Vergünstigungen reagierten, die nicht als Lohn verbucht wurden.

Verheerend waren die Folgen für die Landwirtschaft. Die durch keine staatliche Vorschrift zu stoppende Landflucht, verursacht oder befördert durch niedrige Löhne der Landarbeiter und die Länge ihres Arbeitstages, bedrohte die Intensität der Produktion auf Feldern und namentlich in Viehstallungen. Zu den Gegenmaßnahmen gehörten die Anwerbung von Arbeitskräften im Ausland, das Hereinholen von Deutschen, die im Ausland lebten, die Einführung eines Pflichtjahres für Schulabgänger und weitere. All das vermochte die riesigen Lücken nicht zu schließen, zumal sich Jugendliche auch weigerten, die Elternhäuser zu verlassen und auf dem Lande zu leben und zu arbeiten.

Verlierer der Rüstungswirtschaft waren auch viele Handwerksbetriebe, deren Tätigkeit sich in jene nicht eingliedern ließ. Es mangelte ihnen an Arbeitern ebenso wie an Rohstoffen, bei deren Verteilung sie zu kurz kamen, so dass manche Eigentümer aufgaben. Die Gewinner hingegen waren die großen Konzerne, von denen es im Bericht des Sicherheitsdienstes für das 1. Quartal 1939 hieß, dass vor allem deren Investitionen und Gewicht innerhalb der deutschen Wirtschaft immer mehr zunähmen.[105]

Die Ausrichtung der Industrie auf die Bedürfnisse der Armee hatte wegen der sinkenden Zementproduktion und der Bevorzugung von kriegswichtigen Bauten das nahezu vollkommene Erliegen des Wohnungsbaus zur Folge. Immer mehr jung verheiratete Paare suchten vergeblich ein eigenes Zuhause. Ähnlich danieder lag der Handelsschiffsbau. Der Anlagen- und Maschinenpark der Betriebe wurde immer häufiger auf Verschleiß gefahren. Das Wirtschaftspotential, so das Gesamturteil der Beobachter, war durch die Staatsaufträge überanstrengt. Das hatte bis zum Verzicht von Firmen auf lukrative Möglichkeiten des Exports ihrer Waren geführt. Die Folgen dieses Zustands ließen sich für den Fall der Masseneinziehung von Männern zum Kriegsdienst absehen. Von den ersten Tagen des Krieges an würde die deutsche Wirtschaft auf den Einsatz von Kriegsgefangenen und von der Herbeischaffung von Zwangsarbeitern aus eroberten Territorien angewiesen sein. Vorerst bildete das »Protektorat« ein Reservoir, aus dem Arbeitskräfte in das Reichsgebiet gelenkt wurden. Deutschland würde als Folge des Arbeitstempos, das schon in Friedenszeiten angeschlagen worden war, um der Wehrmacht einen Vorsprung an Ausrüstung gegenüber den Kriegsgegnern zu verschaffen, mit einem zum Teil bereits ausgelaugten Arbeitskräftepotential in den Krieg gehen.

---

105 1. Vierteljahresbericht 1939 des Sicherheitshauptamtes, Bd. 3. In: Meldungen aus dem Reich. Die geheimen Lageberichte des Sicherheitsdienstes der SS 1938–1945, Bd. 2, S. 310.

Zu den Unsicherheiten auf ihrem Weg hin zum 1. September gehörte für die Machthaber noch immer die Möglichkeit, dass es zwischen den Westmächten und der Sowjetunion doch noch zu einem auf die Friedenserhaltung gerichteten Bündnis kommen könnte. Und tatsächlich entschlossen sich die drei Mächte im Sommer 1939 auf Initiative des sowjetischen Außenministers Litwinow hin, über eine gemeinsame militärische Reaktion auf weitere Aggressionen zu beraten. Verhandelt wurde in Moskau, wohin Frankreich und Großbritannien Militärexperten entsandten. Dieser Schritt bildete kein Geheimnis. Was davon in die Öffentlichkeit gelangte, machte nicht den Eindruck, dass London und Paris an einem rasch erreichten Resultat interessiert wären. Nach München waren ein knappes Jahr zuvor die Regierungschefs beider Länder gereist. Jetzt wurden nicht einmal die Kriegsminister als Verhandlungspartner aufgeboten. In die sowjetische Hauptstadt reisten Generale, die keine ausreichende Verhandlungskompetenz besaßen. Sie waren gezwungen, wiederholt Pausen zu erbitten, um Verbindungen mit ihren Vorgesetzten aufzunehmen. Das allein aber war es nicht, was die Verhandlungen, die im April begonnen hatten, in die Länge zog. Nach München, wo sich die Westmächte doch bereit gezeigt hatten, europäische Angelegenheiten, die auch und insbesondere die UdSSR betrafen, ohne deren Politiker zu beraten und zu entscheiden, wäre so etwas wie eine Phase vertrauensbildender Maßnahmen nötig gewesen. Dazu aber blieb keine Zeit. Umso mehr Gewicht lag auf dem Stil der Verhandlungen und der Bestimmtheit ihrer Ergebnisse.

Die Fragenliste, die sich an das Unternehmen knüpfte, war lang. War jeder Beteiligte an einem positiven Resultat interessiert? Oder erblickten die Westmächte im Stattfinden der Verhandlungen einzig ein zusätzliches Druckmittel, Deutschland auf den Weg diplomatischer Verständigung zu zwingen? Oder sollten die Gespräche einzig den immer wieder bekundeten Antisowjetismus der deutschen Machthaber anheizen und so die permanenten Spannungen zwischen Berlin und Moskau verschärfen? Die Verhandlungen, die sowjetischerseits von Marschall Kliment J. Woroschilow, dem Volkskommissar für Verteidigung, und von dessen Stellvertreter und Chef des Generalstabes Boris M. Schaposchnikow geführt wurden, kamen nichtsdestoweniger bis zu dem Punkt, da über die kriegerischen Potentiale der drei Mächte und deren denkbaren Einsatz im Westen und Osten gesprochen wurde. Das führte unvermeidlich zur Frage, wie die sowjetische Armee vor den Feind gelangen und ihn bekämpfen sollte. Eine deutsch-sowjetische Landgrenze existierte nicht, und der Weg auf das Schlachtfeld führte über Polen. Doch die Regierungen Frankreichs und Großbritanniens, die als Garantiemächte Polens dazu die Möglichkeit besaßen, zeigten keine Bereitschaft, Warschau auch nur zu Gesprächen über dieses Thema zu drängen und die dortigen Politiker von der Unausweichlichkeit ihrer Zustimmung zum sowjetischen Durchmarschrecht zu überzeugen. Den Politikern an der Weichsel mochte der Gedanke nicht willkommen und geheuer sein, die Armeen eines Staates auf ihrem Territorium zu haben, den sie von 1919 bis 1921 bekriegt hatten und der sich mit einem Friedensvertrag abgefunden hatte, der Polens Grenze weit nach Osten vorschob. Polens Außenminister Josef Beck und der Oberkommandierende der polnischen Armee Edward Rydz-Smigly hatten damals im Offiziersrang gegen Sowjetrussland gekämpft. Sie mochten sich, ganz abgesehen von ihren Antipathien, fragen, wie sich die Mehrheit der Bewohner Ostpolens, gebildet von Ukrainern, Weißrussen und Juden, die von der polnischen Oberschicht unterdrückt wurden, verhalten werde, wenn sowjetische Truppen durch ihre Wohngebiete westwärts zögen. Rydz-Smigly sperrte sich entschieden gegen die Gewährung jeden Durchmarschrechts für die Rote Armee.

Damit waren die Verhandlungen der drei Mächte Mitte August an dem absolut toten Punkt angekommen. Die Sowjetunion entschied, um aus dem bevorstehenden, unbestreitbar nahen Krieg heraus zu bleiben, eigene Wege zu gehen. Dazu hatte sie umso mehr Grund, als sich abzeichnete, dass das Land nach der angesichts der Kräftekonstellation absehbaren militärischen Niederlage Polens mit diesem faschistischen Deutschland eine gemeinsame Landgrenze haben würde. Die Offerte, die den Politikern im Kreml die Chance einer Alternative für ihre Außenpolitik bot, kam von den Machthabern in Berlin und in persona Hitler. Der konnte sich von einer Verständigung mit dem seit Jahren in jeder seiner Reden verteufelten Staat vier Vorteile versprechen: erstens die definitive Abwendung der Gefahr einer Verständigung der UdSSR mit den Westmächten; zweitens eine abschreckende Wirkung auf die Entschlüsse in Paris und London, so dass es ihm womöglich doch gelänge, den Krieg gegen Polen zu isolieren; drittens den freien Rücken im Krieg gegen Frankreich und Großbritannien, mochte der augenblicklich beginnen oder später eröffnet werden; und viertens eine der eigenen Kriegswirtschaft dienliche Handelsverbindung in das rohstoffreiche Riesenreich, zumal damit gerechnet werden musste, dass die überseeischen Wege des Außenhandels von der überlegenen britischen Flotte blockiert sein würden. Das war dem »Führer« die politische und ideologische Kehrtwendung wert. Opposition im Führungszirkel stand nicht zu erwarten und die inzwischen an Überraschungen gewöhnten »Volksgenossen« würden sich die Kehrtwende schon erklären lassen.[106] Hitler bot Stalin auf dem direkten diplomatischen Wege an, seinen Außenminister Joachim von Ribbentrop nach Moskau zu entsenden, damit der dort über Fragen gemeinsamen Interesses, welche die Zukunft Osteuropas beträfen, verhandeln könne. Bis dieses Angebot angenommen wurde, herrschte darüber Schweigen.

In der Augustmitte hatte die deutsche Presse zwei Themen, die sie in Serie behandelte. Das eine, das Tag für Tag auch die Aufmacher hergab, waren Verbrechen, die in Polen und von Polen an Angehörigen der deutschen Minderheit begangen würden: Vertreibungen von Haus und Hof, Überfälle, Verhaftungen, Folterungen, heimtückische Morde. Verschont würde von diesem Terror niemand, ob Mann, Frau oder Kind. Leser benötigten kein ausgeprägtes Erinnerungsvermögen, um zu bemerken, dass ein Jahr zuvor in gleicher Weise über die Leiden der deutschen

---

106 Der deutsch-sowjetische Nichtangriffsvertrag – seine innenpolitische Wirkung und Ausbeutung. In: Christoph Koch (Hg.), Gab es einen Hitler-Stalin-Pakt?, 2015, S. 257-272.

Minderheit in der Tschechoslowakei berichtet worden war. Verfertigt und geboten wurde das Schreckensbild vom slawischen Untermenschen, wieder mit dem Fazit, die Deutschen im Reich könnten nicht länger dulden, was ihren Volksgenossen jenseits der Grenze geschehe.[107] Demnach waren es der polnische Staat und dessen nationalchauvinistisch aufgeputschte Bevölkerung, die den Krieg wollten.[108]

Das zweite Thema zeigte das Reich, gewappnet für alle denkbaren Fälle. Ein Bericht schilderte den Westwall, der als mächtigste Verteidigungsanlage aller Zeiten bezeichnet wurde, ein anderer handelte von der Luftwaffe, die über Deutschlands Städten und Dörfern wache. Dieses Reich wurde als unverwundbar vorgeführt. Die »Volksgenossen« brauchten sich wegen eines Krieges demnach nicht zu ängstigen. Dazu gehörte auch, dass ein Bild von der vollkommen sicheren Lebensmittelversorgung der deutschen Bevölkerung im Kriegsfall gezeichnet wurde. Das Gedruckte bestätigte des Fortleben der Erfahrungen des Weltkrieges im älteren Teil der Bevölkerung, die so als antiquiert erscheinen sollten.

Am 21. August machte ein neues Thema der Hetze gegen die Polen den Rang auf den Titelseiten streitig. In übergroßen Lettern war verkündet,[109] dass zwischen dem Deutschen Reich und der Union der Sozialistischen Sowjetrepubliken ein Nicht-

107 Zu den Überschriften im Völkischen Beobachter gehörten: »Der polnischen Hölle entkommen« (Ausgabe vom 20. August 1939, »Polnische Banditen ermorden fünf Monate altes Baby« (21. August 1939) »Namenloses Elend im Olsagebiet« (22. August 1939) »Mord reiht sich an Mord« (24. August1939) »himmelschreiende Verbrechen« (29. August 1939) und Polen sei von einem Blutrausch befallen 25. August 1939).

108 So hieß es, wieder im VB: »Polen konzentriert Truppen an den Grenzen« (23. August 1939), Polenhabe die Mobilisierung begonnen und seine Armee wolle Danzig überfallen (25. August 1939), ganz Polen sei im Kriegsfieber (27. August 1939), es habe polnische Brandstiftungen auf deutschem Gebiet gegeben (29. August 1939).

109 Diese und die folgenden Angaben und Zitate stammen aus dem Neuen Stuttgarter Tageblatt, Ausgaben vom 21. bis 24. August 1939.

angriffsvertrag[110] abgeschlossen werden würde, weshalb sich Außenminister Joachim von Ribbentrop in zwei Tagen nach Moskau begeben werde. In den folgenden Tagen erläuterte die Presse die Bedeutung des Vertrages. Mit dem Abkommen werde »das Fundament des europäischen Friedens gefestigt«, und es entstehe nicht nur in Europa eine völlig neue Lage, sondern über den Kontinent hinaus und für die Welt insgesamt.[111] Bisher sei die Situation in Europa durch die gegen das Deutsche Reich gerichtete »Einkreisungspolitik der Demokratien« bestimmt gewesen, die Großbritannien und Frankreich auch mit ihren Verhandlungen in Moskau verfolgt, jedoch verfehlt hätten. Denn die UdSSR habe sich auf ihre eigenen Interessen besonnen, und so sei der Vertragsgedanke mit Deutschland auf den Weg gebracht worden. Man habe sich verständigt, »den wahren Frieden in Europa herbeizuführen, in dem die offenen Probleme mit eiserner Konsequenz zur Lösung gebracht werden.«[112]

Die Nazipresse war ganz Triumph und Hohn. Schon die Geheimhaltung der Verhandlungen zwischen Deutschland und der UdSSR sei ein beispielloses diplomatisches Meisterstück gewesen. Während die Anderen geschwätzt hätten, sei von Deutschland Geschichte gemacht worden und zwar eine von »weltweiter Bedeutung«. Nun herrsche auf Seiten der Gegner Deutschlands »Überraschung« und »Bestürzung«. Ein »Schock« habe sich im gegnerischen Lager ausgebreitet. In England sei das Ereignis »wie ein Blitzschlag« niedergegangen. Dort sei man in Ratlosigkeit abgestürzt. Und in Paris fühle man sich niedergeschmettert und habe die Sprache verloren. Brüssel sei vor Überraschung stumm. In den USA wiederum habe die Kunde gewirkt »wie ein Donnerschlag.«[113]

---

110 Nichtangriffsvertrag zwischen Deutschland und der UdSSR vom 23. August 1939. Wortlaut: Handbuch der Verträge, S. 306f.

111 Neues Stuttgarter Tageblatt, 22. August 1939.

112 Ebd.

113 Vgl. auch die Vorgaben im Völkischen Beobachter, Ausgabe v. 23. August 1939.

Der Vertrag Berlin–Moskau[114] wurde als der Türöffner zur Neuordnung dargestellt. Nun würden die »schwebenden Fragen in den Lebensräumen der beiden Völker« auf dem Wege des Meinungsaustausches erörtert und könnten gelöst werden. In diesen Fragen hätten andere Mächte nicht mitzureden. Im Zentrum der Neuordnung werde das Staatsgebiet Polens stehen. Aus dessen Zukunft wurde schon kein Hehl mehr gemacht, wenn es hieß, die Westmächte würden »ein dem Niedergang geweihtes Land« verteidigen.[115]

Nur wenig ließen sich von der faschistischen Propaganda Äußerungen zum Vertragsabschluss ausbeuten, die in den Tagen in Moskau verlauteten. Dort wurde er als Gewinn für die Beziehungen beider Länder zueinander eingeordnet, nicht jedoch als europäisches Ereignis. Auch mit ihrem Bild von der freundschaftlichen Annäherung der beiden Mächte blieb die deutsche Agitation zunächst allein. Kein Wort, fand sich in deutschen Zeitungen über eine Korrektur der über Jahre erfolgten antisowjetischen Hetze und der Beteuerungen, Deutschland kenne nur einen Feind, den Bolschewismus. Wie Viele mochten sich daran am 24. August beim Lesen des Vertragstextes dennoch erinnert haben? Wie Viele verwundert? Wie Viele erleichtert?

Darüber wie die »Volksgenossen« die Wende aufnahmen, existieren nur dürftige Berichte. Keine Frage jedoch, dass sie allein schon die Bekanntgabe der Ribbentrop-Reise vollkommen überrascht hatte. Doch waren sie an derlei gewöhnt worden. Nicht anders war es beim Einmarsch der deutschen Wehrmacht in den Westteil der Tschechoslowakei zugegangen. Es hatte sich in sechseinhalb Jahren faschistischer Diktatur unter Millionen das Bewusstsein verbreitet, was der Führer tut, ist richtig und gelingt, und wir »kleinen Leute« können ihm nur vertrauensvoll folgen. Im Grunde war der Schritt des 23. August vor allem eine Zumutung für zwei Gruppen. Die eine bildeten die so genannten »alten Kämpfer«, die schon vor 1933 mit dem Ruf »die

114 Wortlaut: Kühnl, Quellen, S. 298 f., Zusatzprotokoll, S. 299 f.

115 Neues Stuttgarter Tageblatt, 22. August 1939.

rote Front, schlagt sie zu Brei« durch deutsche Straßen gezogen waren, und die ideologisch auf des »Führers« Lehren fixierten Faschisten. Die mochten sich an die Sätze aus »Mein Kampf« erinnern: »Die heutigen Machthaber Russlands denken gar nicht daran, in ehrlicher Weise einen Bund einzugehen oder ihn gar zu halten.« Von diesen Machthabern, denen »kein Vertrag heilig ist«, hatte Hitler dann weiter geschrieben, sie seien »Repräsentanten der Lüge, des Betrugs, des Diebstahls, der Plünderung, des Raubes« und »Parasiten«. Deutschland wäre »heute das nächste große Kampfziel des Bolschewismus«.[116]

Doch musste man kein »Mein Kampf«-Leser gewesen sein, um sich an viele Äußerungen zu erinnern, in denen Hitler, gleichzeitig seinen unbedingten Friedenswillen bekundend, die Sowjetunion und den »Bolschewismus« nicht nur als Hauptfeinde Deutschlands, sondern der Menschheit bezeichnet hatte. In seiner Proklamation zum NSDAP-Parteitag 1935 sprach er von der drohenden bolschewistischen Menschheitskatastrophe, die abgewehrt werden müsse. Am 30. Januar 1937 trat er erneut als Warner hervor und sprach von Staaten, die »Opfer der bolschewistischen Infektion« werden könnten. Am 20. Februar 1938 hatte er gesagt: »Zu einem einzigen Staat haben wir kein Verhältnis gesucht und wünschen auch in kein Verhältnis zu treten: Sowjetrussland.« Der Bolschewismus sei »die Inkarnation des menschlichen Zerstörungswillens« und versuche, »die Menschheit in ein Unglück ungeheuersten Ausmaßes zu stürzen.«[117]

Die zweite Gruppe, die sich durch den Paktabschluss schwer getroffen zeigen musste, waren jene katholischen Priester, die sich durch die Enzyklika des Papstes Pius XI. »Divini redemptoris« vom 19. März 1937 auf strikteste Gegnerschaft zum Kommunismus verpflichtet sahen. In seinem Rundschreiben hatte Pius XI. den Gläubigen erklärt, dass es der bolschewistische und

116 Adolf Hitler, Mein Kampf, 691.-695. Auflage, München 1942, S. 750 f.

117 Alle die vorstehenden Textstellen aus Hitler-Reden zitiert auch der SOPADE-Bericht August – Oktober 1939. In: Deutschland-Berichte, 6. Jg. 1939, S. 1006 f.

atheistische Kommunismus sei, »der die Welt so furchtbar bedroht und darauf ausgeht, die soziale Ordnung umzustürzen und die Fundamente der christlichen Kultur zu untergraben.« Und an anderer Stelle: »Der Kommunismus ist in seinem innersten Kern schlecht, und es darf sich auf keinem Gebiet mit ihm auf Zusammenarbeit einlassen, wer immer die christliche Kultur retten will.« Und so handelte der Bericht des Sicherheitsdienstes von einem Kaplan in Oberhufhausen im Kreis Hünfeld, der in einer Predigt erklärt habe: »Die Gefahr des Bolschewismus ist immer noch groß, sie ist durch die Verbrüderung Stalins und Hitlers vergrößert worden. Ich fordere Euch auf, nicht mit Bajonetten und anderen Waffen, sondern mit dem Rosenkranz zu kämpfen«.[118] Die Staatspolizei, wird danach bemerkt, sei verständigt worden.

Insgesamt folgten auf die Meldungen über die neuen Beziehungen zwischen dem Reich und der UdSSR offenkundig keine weite Bevölkerungskreise erfassenden Diskussionen. Zudem wurden die Gespräche alsbald vom Krieg und den über seinen Verlauf verbreiteten Sondermeldungen des Oberkommandos bestimmt. In ihnen äußerte sich Zufriedenheit darüber, dass durch den Vertrag ein Zweifrontenkrieg gegen Großmächte vermieden worden sei, an den die ältere Generation der Deutschen bei den Namen Marne und Tannenberg gespaltene Erinnerungen besaß.

Nächst den Berichten aus der Dienststelle des Reinhard Heydrich existiert mit denen der SOPADE, die inzwischen in Paris hergestellt wurden, eine zweite Gruppe zeitgenössischer Informationen über die Aufnahme des auch »Russenpakt« genannten Vertrages in der deutschen Bevölkerung. Aktive Faschisten und Parteimitglieder wären verstört und wichen mitunter jeder Diskussion aus. In ihren Reihen gebe es Enttäuschung, Ablehnung und Erörterungen darüber, wer wen übertölpelt habe, Hitler den Stalin oder umgekehrt dieser jenen. Weit auseinander gingen auch Meinungen über die Folgen dieses Schrittes. Aus Dar-

118 Bericht vom 9. Oktober 1939, Nr. 1, Lageberichte Bd. 2, S. 332.

stellungen des Echos unter Kommunisten spricht mehrfach das Interesse, die eigene antisowjetische Haltung nun vollends gerechtfertigt zu sehen, einschließlich der Ablehnung von Einheitsfrontangeboten. Urteile, wonach Stalin ein Verräter sei, würden auch von Kommunisten geteilt. Wer von ihnen den Pakt verteidige, isoliere sich. Triumphierend heißt es in einem Bericht: »Eins ist sicher: In Deutschland wird der Kommunismus im Innern keine Gefahr mehr bedeuten.« Insgesamt zeigen diese Berichte, wie weit die Bewertungen des »Russenpaktes« auseinander gingen und wie viele Spekulationen und Gerüchte sich an ihn knüpften.[119]

Was an Zweifeln existierte, erstickte die Propaganda. An ihr hatte Hitler selbst teilgenommen. So mit seiner Rede am Tage des Überfalls auf Polen. Er sei glücklich, sagte er den versammelten Faschisten im Reichstag, den Abschluss und die erfolgte Ratifizierung des Nichtangriffs- und Konsultativpaktes mitteilen zu können. Der stelle eine »ungeheure Wende für die Zukunft« dar und »eine endgültige«. Demnach hatten beide Partner auf dem Wege zur Verständigung nur klarzustellen, dass keiner die Absicht habe, seine Doktrin zu exportieren. Das Abkommen schlösse »zwischen uns beiden für alle Zukunft jede Gewaltanwendung« aus. Darüber hinaus habe man sich in gewissen Fragen zu Konsultationen verpflichtet und wirtschaftliche Zusammenarbeit ermöglicht. Keiner der beiden Staaten werde sich in den Dienst anderer stellen, sondern jeder nach eigenem Nutzen handeln. Er sei sicher, das ganze deutsche Volk begrüße dieses Abkommen, zumal, wenn es sich an das Gegeneinander im 1. Weltkrieg erinnere, wobei beide die Leidtragenden gewesen seien.[120]

Der 26. August, der Tag, auf den Hitler den Angriff auf Polen vorverlegt hatte, verstrich ohne dass der Wehrmacht der

---

119 SOPADE-Berichte, 6. Jg. 1939, darin: August – Oktober 1939, Die Einstellung zum Russenpakt, S. 989 ff. und November 1939, Der Pakt mit Russland, S. 1030 f.

120 Protokolle des Deutschen Reichstages 1939–1942, 1, 3. Sitzung, 1. September 1939, S. 47.

Befehl zum Überfall erteilt wurde. Der durch den im Mai 1939 mit Deutschland abgeschlossenen so genannten »Stahlpakt«[121] auf Gedeih und Verderb verbundene Mussolini signalisierte dem Komplizen in Berlin, der ihn offenbar über seinen Zeitplan nicht unterrichtet hatte, dass er mit seinen Kriegsvorbereitungen nicht so weit sei, um unverzüglich an Deutschlands Seite treten zu können. Das änderte nichts an Hitlers Plan und Entschluss jetzt den Krieg zu eröffnen, auch auf die Gefahr hin, dass Deutschland sogleich eine Westfront bekommen werde. Die letzten Augusttage waren auf den Feldern von Diplomatie und Propaganda mit Aktionen der Machthaber angefüllt, die den einzigen Zweck hatten, den künftigen Gegnern die Schuld am Kriege zuzuschanzen. Die Deutschen merkten inzwischen, dass es diesmal, anders als im September 1938 geschehen, ernst werden könnte. Ein untrügliches Anzeichen dafür bot die Einführung der Rationierung von Lebensmitteln, womit dem bei Kriegsbeginn zu erwartenden Sturm auf das Warenangebot vorgebeugt werden sollte.

Als die »Volksgenossen« am Morgen des 1. September 1939 ihre Radioapparate anstellten, erfuhren sie, dass der Krieg gegen Polen begonnen hatte. So unumwunden wurde ihnen das jedoch von ihrem »Führer« nicht gesagt. Der schnaubte in einer Rede, die er vor den »Männern des Großdeutschen Reichstages« hielt, es werde nun »zurückgeschossen«. Der Lüge war die Behauptung vorangestellt, es seien die Polen gewesen, deren militärische Einheiten zuvor »deutsches Gebiet« beschossen hätten. Die Regierungen Frankreichs und Großbritanniens standen vor der Wahl, die Zusicherungen einzuhalten, die sie Polen eben noch bekräftigt hatten, oder den schändlichen Rückzug zu wiederholen, den die Preisgabe der Tschechoslowakei darstellte. Diesmal entschieden sie sich für Kriegserklärungen. Sie ergingen am 3. September. In London und Paris hatte sich die Erkenntnis durchgesetzt, dass dem Krieg gegen dieses Deutschland nicht auszuweichen

121 Bündnisvertrag zwischen Deutschland und Italien vom 22. Mai 1939, Wortlaut: Handbuch der Verträge, S. 305 f.

war. Die Verbündeten konnten einzig entscheiden, sich dem Aggressor jetzt, wie sie ihm angedroht hatten, entgegenzustellen oder abzuwarten, bis sie an der Reihe waren. Das würde lange nicht dauern. Hinzu kam, dass wer auch immer gehofft hatte, das kriegerische Programm der deutschen Faschisten werde den in »Mein Kampf« entwickelten Plänen und Zielen folgen, seit dem 23. August eines anderen belehrt war. Der Krieg gegen Polen wurde von der Wehrmacht offenkundig nicht geführt, um es zu unterwerfen und sogleich als Sprungbrett gegen die Sowjetunion zu benutzen. Die Eroberung des riesigen Kolonialreiches im Osten war auf einen späteren, sich nicht schon abzeichnenden, also ungewissen Termin verschoben worden.

Was die Masse der »einfachen Deutschen« an diesem 1./3. September 1939 dachte und empfand, ist nicht erfragt oder erforscht worden.[122] Sicher ist nur, dass es anders als 1914 in Städten und Dörfern keine Äußerungen von Kriegsbegeisterung gab. Die Faschistenführer unterließen es auch, was ihnen möglich und ein leichtes gewesen wäre, ihre Anhänger zu Aufmärschen und Appellen zu rufen oder zu befehlen, damit diese den Entschluss zum Kriege begrüßten. Derartige Kundgebungen hätten die Partei und deren Formationen jedoch nur von der Bevölkerungsmehrheit entfernen können. Der wurde, nachdem selbst in den Nachrichten das Wort Krieg vermieden worden war, alsbald die Formel von dem »uns aufgezwungenen Krieg« vorgegeben. Der »Führer« habe ihn nicht gewollt, sondern nur den Anspruch auf Danzig durchsetzen und die bedrohten Volksdeutschen in Polen schützen und retten wollen. Wie viele Deutsche sich das einreden ließen, ist nicht überliefert. Sie begannen sich in der neuen Situation einzurichten und funktionierten, wie von ihnen verlangt. Ausgenommen eine Minderheit von Widerständlern, die sich durch die Drohung der Konzentrationslager und des Fallbeils nicht schrecken ließ und weiter versuchte, die Deutschen über Wesen und die Ziele des Krieges aufzuklären.

---

122 Die regelmäßigen Berichte zur innenpolitischen Lage des Sicherheitsdienstes der SS setzten erst mit dem 9. Oktober 1939 ein.

Für die Differenz der Bilder, die Deutschland und die Deutschen im September 1939 verglichen mit denen der Augusttage 1914 boten, lieferte die Propaganda eine Erklärung, mit der sie ihre Linie der Friedensdemagogie fortsetzte. Die Deutschen wüssten, was ein Krieg bedeute und hätten ihn wie ihr »Führer« nicht gewollt. Nun aber gingen sie in ihn, schrieb die Nazipresse, ernst wie in ein Gebet. Was das für ein Krieg war und werden würde, dafür war in den Überlegungen der überwiegenden Zahl der »Volksgenossen« kein Platz. Den Ältesten war 1914 eingeredet worden, sie müssten das von Feinden umstellte Vaterland verteidigen Und sie hatten das in der Mehrheit geglaubt. Für Ähnliches ließen sich jetzt auch keine noch so dürftigen Beweise erbringen. Es gab kein Bündnis von Gegnern, keine Entente, die sich als bedrohlich ausgeben ließ. So wurde den Deutschen zunächst erklärt, sie müssten in den Krieg ziehen, weil Polen die bescheidenen deutschen Wünsche nicht akzeptiere, die Volksdeutschen traktiere und nun auch noch dreist und herausfordernd gegen das Reich auftrete. Auf dem Fundament monatelang geschürter antipolnischen Stimmung, einer schon viel älteren unter Deutschen verbreiteten hochmütigen Voreingenommenheit gegen den Nachbarn im Osten und einem nationalistisch und rassistisch geprägten Überlegenheitsgefühl gegenüber den »Polacken« fiel es der von Goebbels gesteuerten Propaganda nicht schwer, dem Feldzug Popularität zu verschaffen.

Doch es vergingen nur zwei Tage und zwei Nächte und aus dem Krieg an der Ostfront war jene militärische Konstellation geworden[123], an welche sich die unguten Erinnerungen der Jahre 1914 bis 1918 knüpften. Nun war der Fortbau des Lügengebäudes nötig. Den Krieg wollten die Hetzer im Ausland. Sie seien es gewesen, die Polen zusätzlich angestachelt hätten. Sie säßen in Paris, besonders aber an der Themse, würden von Winston

123 Kriegserklärungen Frankreichs und Großbritanniens an Deutschland vom 3. September 1939, Wortlaut: Handbuch der Verträge, S. 310 f.

Churchill angeführt und seien natürlich Juden. Das Weitere ähnelte dann der Propaganda des Kaiserreiches sehr. Die Reichen und Satten wollten das »nationalsozialistische Deutschland« nicht hoch und zu seinem Recht kommen lassen.

Doch die Bearbeitung der Deutschen mit einer kämpferischen Kriegsideologie zeitigte keine augenblicklichen Erfolge. Viele wollten einfach noch nicht glauben, dass am 3. September eine definitive Entscheidung gefallen sei. Sie hatten nicht begriffen, dass die herrschenden Kreise in London und Paris den deutschen imperialistischen Konkurrenten unlimitierte Expansionsgewinne nicht länger zugestehen wollten. Und dass in den ersten Septembertagen, als die Wehrmacht zur Weichsel vordrang, die Westmächte faktisch nicht militärisch in Aktion traten, nährte den Glauben, es werde vielleicht doch nicht zum großen Krieg kommen. Diese aus dem Unvermögen, sich in der Welt der Widersprüche selbständig zu orientieren, geborene Friedenshoffnung zeugte aber auch von den Grenzen, die der politisch-ideologischen Bearbeitung der »Volksgenossen« gezogen waren. In Kriegsstimmung oder gar Kriegsbegeisterung hatten sie sich nicht versetzen lassen. Nach dem leicht errungenen Sieg über Polen verlangte Goebbels am 22. September in einer Anweisung an die Presse, dafür zu sorgen, »das die langsam gewonnene Bereitschaft des Volkes zu kämpfen nicht nachlässt«.[124]

Doch die Deutschen waren in ihrer Masse weit davon entfernt, zu begreifen, in welchen Krieg sie da hineingestürzt worden waren. Dass das Reich ihn aus imperialistischen Antrieben und mit imperialistischen Zielen vorbereitet und nun begonnen hatte, gehörte zum geistigen Besitz jener Minderheit von Antifaschisten und Hitlergegnern. Als im Oktober 1939 klar war, dass es aus diesem Krieg keinen Ausstieg geben werde, beherrschte die Deutschen nicht die Frage, wofür sie da kämpften und zu Opfern aufgefordert wurden. Sie wollten, eingedenk der Folgen

---

124 Dokumente zur deutschen Geschichte 1939–1942. Hg. v. Wolfgang Ruge / Wolfgang Schumann, bearbeitet von Gerhart Hass u. a., Berlin 1977, S. 27.

der Kriegsniederlage 1918 und von Versailles nicht wieder die Verlierer sein. Diese Haltung war ausbeutbar bei Soldaten wie Zivilisten, an der Front wie in der Heimat. Damit konnten die Macht- und Befehlshaber gut leben.

Im Grunde war und blieb dieser Krieg der Mehrheit der Deutschen ein Geheimnis. Am weitesten waren sie von der Erkenntnis entfernt, dass ihr »Führer« wie kein zweiter Deutscher von der Idee beherrscht war, Deutschland sei es bestimmt, die Macht Nr. 1 auf dem Erdball zu werden. Dass er zu dieser seiner Rolle in der deutschen und europäischen Geschichte kam, besaß ihre Voraussetzung in der Befindlichkeit der deutschen Gesellschaft. In ihr hatten sich weite und einflussstarke Kreise nie mit dem Kräfteverhältnis und der Machtverteilung abgefunden, die das Ergebnis des verlorenen Weltkrieges waren. Für sie war, ungeachtet aller internationalen Ächtung von Angriffskriegen, der Krieg eine Option der Außenpolitik geblieben. Darüber hatte in geheimen Sitzungen nicht nur der engste Führungszirkel gesprochen. Hermann Göring erklärte Luftfahrtindustriellen am 8. Juli 1938, er dürfe »auch einmal darauf hinweisen, was sein würde, wenn wir den Kampf gewinnen würden. Dann ist Deutschland die erste Macht der Welt, dann gehört Deutschland der Markt der Welt, dann kommt die Stunde, wo Deutschland reich ist.«[125] Hitler sprach am 8. März 1939 vor führenden Vertretern der Wirtschaft, der NSDAP und der Generalität unumwunden davon, dass bis zum 15. März die Tschechoslowakei beseitigt sein werde und »Polen wird folgen«. Dann werde 1940 und 1941 mit dem »Erbfeind Frankreich« abgerechnet werden und wenn der beseitigt sei, könne man »England leicht beherrschen«. Und schließlich, so Hitler den Notizen zufolge, die der Staatssekretär des Auswärtigen Amtes, Wilhelm Keppler, über die Ansprache anfertigte, werde man »mit den ›Dollar-Juden‹ der Vereinigten Staaten abrechnen«.[126] Wenn in diesem Dritten Reich jemand wusste, welcher Kurs gleichsam anlag, welche Antriebe und Ziele

125 Deutsche Geschichte 1936–1939, S. 80 f.

126 Anatomie des Krieges, S. 204 f.

ihn bestimmten und welche Rolle die einfachen Deutschen selbst dabei zu spielen hatten, dann waren das nächst den hohen Befehlshabern der Wehrmacht die Wirtschaftsführer an den Spitzen der Rüstungskonzerne. Von bedrohten Volksdeutschen war bei deren Zusammenkünften keine Rede, sondern von Rohstoffen, von Erdöl, Kohle und landwirtschaftlichen Reichtümern. Ist es vermessen oder abwegig zu fragen, warum kein einziger dieser Herren sich nach solchen Eröffnungen sagte, er wolle nicht länger in einem Lande leben, das von größenwahnsinnigen Politikern regiert werde, nicht an der Vorbereitung eines Verbrechens beteiligt sein. Warum kein einziger, was Leuten dieses Einflusses möglich gewesen wäre, sich ins Ausland davon machte, auf einen Weg, der den Arbeitern in ihren Rüstungsbetrieben verschlossen war? Kein Einziger? Doch: die Ausnahme machte Fritz Thyssen, der Vorsitzende des Aufsichtrates eines der größten deutschen Stahlkonzerne, der Vereinigten Stahlwerke AG. 1933 Mitglied der NSDAP geworden, war er, ungeachtet sekundärer Konflikte mit dem Regime, einer der eifrigsten Weggenossen Hitlers. Er gehörte dem Preußischen Staatsrat und dem faschistischen Reichstag an. Doch den Krieg mit den Westmächten hielt er für einen Fehler, zumal er Deutschland in Abhängigkeit von der UdSSR bringen werde. Am zweiten Kriegstag emigrierte er in die Schweiz. 1941 veröffentlichte er in einem Londoner Verlag das Buch »I paid Hitler«.

***

Noch einmal: Wie waren Zustand und Befinden Deutschlands und der Deutschen, als der Schritt über die Schwelle des Krieges gegangen wurde? In den sechseinhalb Jahren seit dem Beginn der Errichtung der faschistischen Diktatur war das Deutsche Reich wieder in den Rang einer Großmacht gelangt. Sein Territorium war beträchtlich vergrößert, seine Einwohnerzahl ebenso vermehrt worden. Seine Wirtschaftskraft war weit über den Tiefpunkt der Weltwirtschaftskrise hinausgewachsen. Es hatte einen nahen – Italien – und einen fernen – Japan – Verbündeten gewonnen. Es verfügte über eine moderne Armee und Luftwaffe.

Die Summe dieser Veränderungen hatte das Regime ungemein stabilisiert. Sie waren nicht ohne Wirkung auf das Selbstbewusstsein vieler seiner Bürger gewesen. Das war nicht mehr die im Weltkrieg geschlagene Nation. Sie wollte sich von niemandem jenseits der Grenzen mehr Vorschriften machen, Lebensbedingungen und Verhaltensweisen diktieren lassen. Die Politiker an der Spitze hatten sich nach den Maßstäben vieler Deutscher bewährt und Hitler galt als überragender Führer. Was noch nicht erreicht sei, würde in den kommenden Jahren geschaffen werden, durch Arbeit und die Klärung der »offenen Fragen«, als die Deutschlands Ostgrenze und die Wiedererlangung der Kolonien schon markiert waren. Erst in jüngster Zeit, als sich die »Polenkrise« schon länger als ein Vierteljahr dehnte, beschlich eine nicht ermittelte Zahl von Deutschen ein Unbehagen. Es wäre ungemein größer gewesen, wenn sie gewusst hätten, dass die Entscheidung über den Marsch in den Krieg einschließlich des Eröffnungstermins schon gefallen war, getroffen von ihrem »geliebten Führer«.

Hitler und die ihn umgebenden Mitkämpfer waren zu dem Schluss gelangt, dass sie den Eroberungskrieg, der seit ihrem Machtantritt unverrückbar zu ihren Plänen gehörte, nicht länger aufschieben sollten. Damit traten sie in die Fußtapfen des kaiserlichen Generalstabs, der 1914 auch den vermeintlich günstigsten Termin für den Kriegsbeginn nicht verstreichen lassen wollte. Sie hielten das Deutsche Reich für innerlich und militärisch stark genug, auch die Großmächte des Westens, die Gewinner des Weltkrieges, auf Schlachtfeldern heraus zu fordern und zu besiegen. Sie setzten dabei auf ihren Rüstungsvorsprung, den sie zu besitzen glaubten und von dem sie meinten, dass sie ihn nicht mehr wesentlich erweitern, wohl aber einbüßen könnten. Sie sahen in der erlangten Breitenrüstung die Garantie, ihre Gegner in kurzen Feldzügen zu schlagen.

Dabei waren ihnen, Zivilisten und Militärs, Defizite ihrer Ausgangslage durchaus bewusst. Im Aufrüstungsprozess war die Kriegsflotte mit den längeren Bauzeiten für Großkampfschiffe zurückgeblieben. Eine Seeblockade Großbritanniens ließ sich mit den verfügbaren Kräften nicht bewirken. Hingegen konnte die eigene Abschneidung von Rohstoffzufuhren die deutsche Kriegsproduktion schwer beeinträchtigen. Das Aufgebot eines Massenheeres würde zudem solche Lücken in das Arbeitskräftepotential schlagen, dass man sofort auf den Einsatz von Kriegsgefangenen und Zwangsarbeitern aus eroberten Gebieten angewiesen sein werde. Vor allem aber hatte das Problem der Tiefenrüstung nicht gelöst werden können, die Schaffung der unverzichtbaren materiellen Voraussetzungen für die Führung eines viele Jahre dauernden Krieges.

Wenn in der Öffentlichkeit, dort weniger, und in internen Kreisen Rechnungen und Gegenrechnungen über das Kräfteverhältnis angestellt wurden, tauchte wortreich immer ein Argument auf, das alle Bedenken wegräumen sollte und keinen Widerspruch zuließ: der überragende deutsche Mensch, der seit eh und je eine unvergleichliche Willensstärke besitze, die von den Nationalsozialisten ja noch weiter gehoben worden sei. Hitler benutzte es auch in der letzten Ansprache, die er vor Kriegsbeginn am 22. August 1939 auf dem Obersalzberg hielt. Vor den dort versammelten Militärs und bei einer Lagebesprechung am folgenden Tage begründete er seine Überzeugung von Deutschlands Überlegenheit. Das geschah gewiss mit dem Vorsatz, letzte unausgesprochene Zweifel seiner Zuhörer zu beseitigen. Es seien, betonte er, subjektive Faktoren, die den Sieg verbürgten. Und zugleich ergäben sie einen zusätzlichen Zwang, den Krieg jetzt zu beginnen. Unter diesen Faktoren sei der wichtigste seine überragende Person. Die werde, da war er ganz sicher, in den kommenden Jahren durch niemanden noch übertroffen werden können. Doch sei ungewiss, wie lange diese einmalige geschichtliche Gestalt leben werde. Sie könne einem Attentat zum Opfer fallen. Dann nannte er als weiteres Schwergewicht Mussolini. Hingegen hätten die Gegner an ihrer Staatsspitze keine Persönlichkeiten, sondern »Würmchen«. Von den Anführern gelangte er zu den Völkern und stellte fest, dass »bei uns qualitativ der bessere Mensch« sei, während sich »auf der Gegenseite schwächere Menschen« befänden. Das deutsche Volk gehöre zu den

»besten Völkern der Erde«.[127] Die Mehrzahl mag verwundern, war aber wohl nicht mehr als ein Zugeständnis an die Verbündeten. Zudem befänden sich Deutsche, Italiener und Japaner, nach einem schon im Mai 1939 geäußerten Urteil Hitlers[128], allesamt in einem »Zustand der nationalen Begeisterung«. Und schließlich gehöre zu den Eigenschaften, die sich in der deutschen Geschichte bewährt hätten und an denen er und seine Mitführer sich orientieren müssten, jene Bereitschaft zum Wagnis, zum Risiko, die mit einer ebenfalls notwendigen Seelenstärke Friedrich II. von Preußen besessen habe.

Derlei Bilder schmeichelten jenen Deutschen, die seit Generationen sich über Angehörige anderer Völker und Nationen erhoben und erhaben fühlten, nicht nur über osteuropäische. Freilich ließen sich nicht alle Militärs von solchen Rechnungen beeindrucken, Manche hielten sich doch lieber an die Zahl verfügbarer Divisionen und Waffen und deren Qualität. Doch seit diejenigen von ihnen, die Hitler im November 1937 widersprochen hatten – und sei es nur seinen Zeitplänen –, in Pension geschickt worden waren, kam es zu keinem geschlossenen Auftritt auch nur einer Kleingruppe von Wehrmachtsgeneralen mehr. So wurde die Mehrheit der Deutschen, eine nicht so kleine Minderheit gehörte zur Kriegspartei, von ihren geschlossen handelnden zivilen und militärischen Führern in den Krieg kommandiert. Sie waren, dass ihnen das geschah, nicht schuldlos. Sie hatten sich aller Mittel berauben lassen, sich auch nur über ihre eigenen Interessen zu verständigen, geschweige denn, sie zur Geltung zu bringen. Eine Minderheit von Hitlergegnern hingegen hoffte schon seit längerem auf den Krieg. In ihm erblickten sie das einzige Mittel, das Regime zu beseitigen, da innere Kräfte dafür nicht existierten. Eine noch kleinere Zahl trat an diesem 1. September 1939 in der Illegalität an, den Krieg zu sabotie-

127 Der Nürnberger Prozess, Bd. 2, S. 157.

128 Nach der Aufzeichnung des Oberstleutnant Rudolf Schmundt, Chefadjutant der Wehrmacht bei Hitler. In: Der Nürnberger Prozess, Bd. 22, S. 164 f.

ren und ihre »Volksgenossen« in deren neuen Lebenssituationen gegen die Herrschenden einzunehmen und aufzubringen. Doch die Erwartung in antifaschistischen Kreisen des deutschen Exils, dass sich, sollte Hitler einen Krieg wagen, »Millionen unversöhnliche Feinde Hitlers im eigenen Lande«[129] mit den Gegnern des faschistischen Regimes verbinden würden, hatte sich nach wenigen Kriegswochen erledigt.

Der Gedankenschritt über die Schwelle zum Kriege lässt noch einmal die Frage aufkommen, ob es nicht einen Weg deutscher und europäischer Geschichte gab, der nicht zu diesem 1. Septembertag des Jahres 1939 geführt haben würde. Die Chancen dafür, die jene Staaten besaßen, die das faschistische Reich bedrohte, wurden schon erörtert. Sie sind 1935 und 1939 vertan worden. Und im Innern? Auf Seiten der politisch und weltanschaulich vielfarbigen Gegner des Regimes existierten sie nach dem 30. Januar 1933 zu keiner Zeit. Wenn es sie gegeben hatte, dann lagen sie vor diesem Datum. Als aber die Gefahr der Aufrichtung einer faschistischen Diktatur mit ihren Folgen 1932 von den einen nicht wahrgenommen, von anderen die Sammlung der Demokraten, Sozialdemokraten und Kommunisten nicht als notwendig erkannt, von dritten an so etwas wie Wunder geglaubt wurde, waren die Weichen im Grunde unkorrigierbar gestellt. Die Entscheidung war gefallen, ohne dass eine Mehrheit der Deutschen überhaupt wahrgenommen hatte, dass sie bevorstand.

So haben viele Antifaschisten und Hitlergegner das Fazit des Januar 1933 nicht gesehen. Sie wollten sich, was sie doch waren, nicht als die Geschlagenen sehen. Sie haben das Mögliche, und manche mehr noch als das, versucht, zuerst die Festigung des Regimes zu verhindern und, als das nicht gelang, seinen Machtzuwachs zu begrenzen und zu verlangsamen. Der erste Schritt

129 So in einem Appell, den eine Beratung deutscher Antifaschisten in Paris am 22. September 1938, auf dem Höhepunkt der so genannten »Tschechei-Krise«, »an die Völker der demokratischen Länder« richtete. In: Die Neue Weltbühne, 39/1938, S. 1239 f. Zitiert in: Deutsche Geschichte 1936–1939, S. 87.

dahin war und blieb die Aufklärung der Deutschen über das, was ihnen bevorstand. So viel allein dafür getan und so teuer allein dafür bezahlt wurde, es ist in keinem Moment gelungen, im Reich eine Stimmung und ein Verhalten von Massen zu erzeugen, die die Machthaber gezwungen haben würden, das Fortschreiten auf dem Kriegskurs auch nur zu verlangsamen. Dass dies nicht erreicht werden konnte, war nicht durch Fehler verursacht, die im illegalen Handeln gegen die Machthaber fraglos auch gemacht wurden. Nein, es war das Kräfteverhältnis, das die faschistischen Diktatoren binnen kurzem zwischen sich und ihren Gegnern herzustellen und dann immer weiter zu deren Ungunsten auszubauen verstanden. Das Bild David gegen Goliath gibt es wieder. Auf die große Niederlage 1933 folgten viele kleine. Ihre Spur lässt sich in den Todesurteilen der Gerichte, den langen Listen der in Konzentrationslager Eingelieferten, den kürzeren der eben noch ins Ausland Geflohenen verfolgen. Immer wieder war der Sieger die Geheime Staatspolizei. Dennoch: sie hat den Willen zum Widerstand in einer Minderheit von Deutschen, Kommunisten, Sozialisten, Gläubigen der christlichen Konfessionen, Juden, Zeugen Jehovas, auch von vereinzelt handelnden konservativ oder liberal gesinnten Hitlergegnern nie vollständig niederhalten können. Später sind sie auch Helden genannt worden.

Als sie ihren Kampf gegen den Krieg schon verloren hatten, legte Bertolt Brecht .seinem Galilei die an dessen Schüler gerichtete Entgegnung in den Mund: »Nein. Unglücklich das Land, das Helden nötig hat.« Deutschland war so unglücklich. Doch brauchte die Masse seiner Bewohner noch Jahre, angefüllt mit bitteren Erfahrungen, bis sie das begriffen hatte. Wenn Antifaschisten und Hitlergegner aber ihre Ziele nicht erreichten, war dann alles vergeblich, oder haben sie doch etwas bewirkt Zunächst: Indem sie ihren humanistischen Überzeugungen die Treue hielten, retteten sie ein hohes Gut über barbarische Zeiten. Denn Überzeugungen müssen gelebt werden, sie lassen sich nicht wie Konserven abstellen und erst dann hervorholen, wenn von ihnen Gebrauch gemacht werden soll. Die Widerständigen haben sich und anderen zum Leben und Überleben in Lagen geholfen, die das Wort existenziell verdienen. Sie konnten, als die Alliierten das faschistische deutsche Regime zur Strecke gebracht hatten, den Anspruch legitimieren, führend an der Gestaltung eines anderen Deutschland beteiligt zu werden. Das geschah nicht überall. Im Westen des Landes steht der Name Willy Brandt für eine der Ausnahmen.

Und es ist das Verdienst der Antifaschisten und Hitlergegner, dass nach dem Mai 1945 das Wort Deutscher nicht zum Gleichwort für Faschist oder Verbrecher gemacht werden konnte und jene nicht zum Zuge kamen, die den deutschen Volks- oder Nationalcharakter als unheilbar verderbt und kriegslüstern ansahen, die Deutschen als Dauergefahr für den Weltfrieden betrachten und entsprechend behandelt wissen wollten. Dieses Verdienst ist mitunter in die Formulierung gefasst worden, sie hätten die Ehre der deutschen Nation gerettet. Was immer damit gesagt und gemeint sein soll, sie, ihre Namen, ihre Taten und ihr Verdienst stehen am Anfang eines neuen geschichtlichen Weges, dessen Strecke vollends erst zurückgelegt sein wird, wenn kein Deutscher an Kriegen teilnimmt, die politische und wirtschaftliche Herrschafts- und Gewinninteressen durchsetzen sollen.

Ein Nachwort nicht nur zur Literatur

Wer 2015/16 das Literaturangebot zur deutschen Geschichte der Jahre 1933 bis 1945 durchmustern und sich zuvor auch nur einen Einblick in dessen Gegenstände und Themen verschaffen will, stößt auf eine Menge, deren Durchsicht allein schon mehrere Tage angestrengter Arbeit erfordert. Es gibt kein Gebiet des gesellschaftlichen und politischen Lebens, das nicht die Neugier von Historikern angezogen und in wissenschaftlichen Studien seinen Niederschlag gefunden hätte. Der Suchende stößt auf Publikationen, die der Geschichte verschiedenster Einrichtungen, von Universitäten und Betrieben, von Dörfern und Städten, Ländern und Landschaften, kommunalen Verwaltungen und Reichsministerien und von Staat und Gesellschaft als Ganzen gelten. Er trifft auf Abhandlungen zur Geschichte des Films, der Kunst und des Sports, der Zeitungen und der Sprachentwicklung. Dabei mag er Gegenstände erkennen, denen sich Forschende mit Vorzug zuwandten, und andere, denen weniger Aufmerksamkeit galt. Zu den ersten gehören die Geschichte der Judenverfolgungen und des Widerstandes sowie dessen Verfolgung durch den Terrorapparat des Regimes. Zu letzteren noch immer Gegenstände und Themen der Wirtschaftsgeschichte und der Geschichte der Bourgeoisie, ihrer Gruppen und Fraktionen. Detailstudien richteten sich immer wieder auf herausragende Geschehnisse. Dazu zählen die Bücherverbrennungen des 10. Mai 1933, die Nürnberger Gesetze vom September 1935, die Olympischen Spiele des Jahres 1936, die Fritsch-Krise 1937/38 und die antijüdischen Pogrome vom November 1938, dazu die außenpolitischen Großereignisse. Die Bevorzugung mancher

Themen ist vergangenen oder gegenwärtigen politischen Interessen geschuldet. Für keine Entwicklung gilt das mehr als für die deutsch-sowjetischen Beziehungen und den Nichtangriffspakt vom August 1939. Vergleichbare Studien zu den deutsch-britischen oder den deutsch-französischen Verhandlungen und Abkommen lassen sich dem nicht an die Seite stellen oder konfrontieren. Neuerdings haben sich Historiker auch Feldern zugewendet, die auf den ersten Blick als abseitig oder weit hergeholt gelten mögen, so etwa Untersuchungen über das Leben von Kindern im »Nationalsozialismus«.

Dass die Wirtschaftsgeschichte in Deutschland noch immer zu den vernachlässigten Spezialdisziplinen gehört, zeigt auch das Buchangebot zur Geschichte der Vorkriegsjahre des Zweiten Weltkrieges. Eine Ausnahme machen die früh in der DDR erschienenen Untersuchungen aus der Schule Jürgen Kuczynskis und deren Fortsetzung in Dietrich Eichholtz' Werk über die Kriegswirtschaft. Aus jüngster Zeit liegen kaum Beiträge vor, in denen die Rolle der deutschen Industrie im Prozess der Hochrüstung des faschistischen Deutschland kompakt untersucht wird. Man geht kaum mit der Vermutung fehl, dass dies Beweggründen der Eigentümer dieser Werke geschuldet ist, zumal sich mit diesem Anteil Reklame derzeit für nichts und niemanden machen ließe. Hingegen lassen sich neuere Untersuchungen zur Geschichte des staatsfinanzierten und -gelenkten Autobahnbaus antreffen. Und natürlich kommen Betriebsgeschichten, wie sie namentlich aus Anlass von Jubiläen in Auftrag gegeben werden, um die Vorkriegsjahre nicht herum.

Vermehrt wird die Literaturmasse seit langem durch Biographien und Teilbiographien von Faschistenführern. Zu den Lebensbildern Hitlers, deren Veröffentlichung 1952 mit der Abhandlung des Briten Allan Bullock begann, kommt unausgesetzt – allein 2013 sind zwei weitere aus deutscher und englischer Produktion erschienen – eine Masse von Detailstudien hinzu. Aus Federn und Computern von Historikern. Psychologen stammen jüngst veröffentlichte Texte, welche u. a. die »Anatomie von Hitlers destruktiver Seele« oder »seine Persönlichkeit aus entwicklungspsychologischer, motivationstheoretischer und psychiatrischer Sicht« analysieren. Welcher Beitrag aus derlei Forschungen zum Geschichtsverständnis hervorgehen mag, sei dahingestellt.

Unübersehbar ist allein schon bei flüchtiger Inspektion von Buchtiteln und Themen die Hinwendung zum Besonderen und Einzelnen, also eine Abwendung vom Allgemeinen. Zusammenfassende Darstellungen, die Politik, Wirtschaft, Wissenschaft, Kultur und Ideologie betrachten und in ihren Wirkungen auf- und gegeneinander zu erfassen suchen, sind rar. Unternehmungen wie die vielbändigen Geschichten zum Zweiten Weltkrieg, publiziert in der DDR und der Bundesrepublik, sind nicht in Sicht. So lässt sich fragen, welche Folgen das für das Gesamtverständnis der faschistischen Gesellschaft und des Nazistaates haben mag und noch zeitigen wird. Offenkundig ist die Scheu wieder aufgelebt, die zwölf Jahre von 1933 bis 1945 in den Gang deutscher Geschichte hineinzustellen und die faschistischen Parteien, Bewegungen und Regime samt ihrer Ideologie als Produkt bürgerlicher Gesellschaften zu begreifen. Davon zeugt jedenfalls die nahezu beiläufige, in der Presse verbreitete Äußerung eines Lehrstuhlinhabers der Berliner Humboldt-Universität, der Hitler einen »Sonderfall« nannte. Und dies im Jahre 2014. Das lässt sich mit der viel zitierten, aus Schulzeiten bekannten Wendung aus Lehrermund kommentieren: »Das hatten wir doch schon« und mit dem Zusatz versehen: »und glaubten es doch überwunden«.

In der Tat wurde bald nach 1945 von der bürgerlichen Geschichtsschreibung und Publizistik der im deutsch-österreichischen Landesteil der K. u. K. Monarchie geborene Adolf Hitler also ein Eindringling in die deutsche Geschichte eingefärbt. Dieses Bild hat sich nicht behaupten können und das nicht nur, weil ihm schon vor seinem Aufkommen namentlich von historisch-materialistischen Analytikern, aber nicht von ihnen allein ein anderes und überzeugenderes entgegengesetzt worden war. Jede ernsthafte Forschung gelangte, ohne sich dazu sich in tiefste Gründe der Geschichte graben zu müssen, zu der Wahrheit, dass der Faschismus nach dem Ersten Weltkrieg in politischen und ideologischen Kämpfen im Deutschen Reich entstanden und unter den Bedingungen einer beispiellosen wirtschaftlichen, sozialen und politischen Krise der Republik aufsteigen und siegen konnte. Nicht ohne von mächtigen sozialen Gruppen favorisiert und auch finanziell gefördert worden zu sein.

Jedenfalls ist aus dem Rinnsal der Beschäftigung mit der faschistischen Diktatur und namentlich mit den Vorkriegsjahren inzwischen ein breiter Strom geworden. An seinem Beginn stand nicht so sehr Forscher- und Erkenntnisinteresse. Dem entsprangen anfänglich nur wenige Arbeiten, deren Autoren sich in das Exil gerettet hatten. Im sowjetisch besetzten Osten Deutschlands erschienen solche Texte 1945/46 u. a. aus den Federn des Dichters und Schriftstellers Johannes R. Becher und des Politikers Walter Ulbricht. Vorherrschte in der Bevölkerung aller Zonen aber das Bedürfnis nach Beschönigung und Rechtfertigung der eigenen Haltung, mochte es sich um einzelne Personen, ganze Gruppen und große Organisationen handeln. Am rührigsten waren auf diesem Felde Autoren beider christlichen Konfessionen, deren Produktionen in den späten vierziger Jahren an Zahl bei weitem Platz 1 besetzten und in denen versucht wurde, die Kirchen als Orte und Zentren antinazistischen Widerstands darzustellen. Solche wissenschaftsfremden Bedürfnisse, weshalb an sie erinnert wird, sind nicht ausgestorben. Doch existieren sie in einem gewandelten politischen Koordinatensystem. In Deutschland einig Vaterland ist im Verlauf des letzten Vierteljahrhunderts ein in seiner Entstehung schwer zu entschlüsselndes Verlangen entstanden, die eigene Geschichte aufzuhübschen. Die Deutschen im Weststaat gaben sich vordem schon als Weltmeister in der Bewältigung ihrer Geschichte, so dass niemand mehr – sei es im Innern, sei es von Außen – das Recht beanspruchen könnte, sie mit den »dunklen Seiten« ihrer Geschichte fragend oder gar herausfordernd noch zu belästigen. Die Berserkerarbeit wäre getan. Nachzügler seien da einzig die Ostdeutschen. Derweil werden im Lande Flugblätter verteilt, die in seriöse Häuser zu Vorträgen einladen, die dem Thema gelten »Wollte Hitler

Krieg?«. Kein Gremium oder Kongress von Historikern sagt da: »Endlich Schluss«.

Nein, das verpflichtende Erbe des Zweiten Weltkrieges ist in Deutschland nicht angetreten. In den Tagen, in denen dieses Nachwort geschrieben wird, bezeugen das hierzulande verbreitete Bilder zur aktuellen Geschichte Griechenlands. Und dann sind da brennende Häuser, die für die Aufnahme von Flüchtlingen aus Afrika und Asien bestimmt wurden: Was zu tun ist, ist nicht Aufgabe einer oder einiger Generationen von Zeitgenossen der faschistischen Diktatur. Zu begreifen ist, dass der Faschismus als Herrschaftsform ein Produkt der bürgerlich-kapitalistischen deutschen Gesellschaft war, eines sozialen Organismus, in dem wir bis auf den Tag leben, und dass er eine seiner Entwicklungsmöglichkeiten darstellt. Erst wenn dauerhafte Sicherungen dagegen geschaffen sind, dass sich diese Möglichkeit noch einmal verwirklicht, kann von Bewältigung gesprochen und geschrieben werden. Dann erst wären die Schwüre eingelöst, mit denen Antifaschisten nach ihrer Befreiung die Konzentrationslagen verließen und andere aus ihrem Exil nach Deutschland zurückkehrten. Selbst wenn die Gefahr, die von den Faschisten unserer Tage ausgeht, momentan nicht bedrohlich erscheinen mag, bleibt es ein Gebot menschlichen Anstands, denen entgegenzutreten und jeden Aktionsradius zu nehmen, die in voraufklärerische Zeiten zurück möchten.

Personenregister

»Adolf Hitler« wurde wegen seiner sehr häufigen Nennung nicht verschlagwortet.

Geographisches Register

»Deutschland« wurde wegen seiner häufigen Nennung nicht verschlagwortet.

Abkürzungsverzeichnis

AG	Aktiengesellschaft
ADGB	Allgemeiner Deutscher Gewerkschaftsbund
BDM	Bund Deutscher Mädel
DAF	Deutsche Arbeitsfront
DDR	Deutsche Demokratische Republik
FAD	Freiwilliger Arbeitsdienst
HJ	Hitlerjugend
DNVP	Deutschnationale Volkspartei
KdF	Kraft durch Freude
KPD	Kommunistische Partei Deutschlands
NSBO	Nationalsozialistische Betriebsorganisation
NSDAP	Nationalsozialistische Deutsche Arbeiterpartei
NSFK	Nationalsozialistischer Fliegerkorps
NSKK	Nationalsozialistisches Kraftfahrerkorps
RAD	Reichsarbeitsdienst
RLB	Reichsluftschutzbund
SA	Sturmabteilung(en)
SdP	Sudetendeutsche Partei
SOPADE	Exilvorstand der SPD (Prag)
SPD	Sozialdemokratische Partei Deutschlands
SS	Schutzstaffel(n)
UdSSR	Union der Sozialistischen Sowjetrepubliken
USA	United States of America / Vereinigte Staaten von Amerika
WHW	Winterhilfswerk